Polyglott-Reiseführer

Pyrenäen

Beatrix Müller

W0177103

Polyglott Verlag München

Langenscheidt Mini-Dolmetscher

Allgemeines

Guten Tag.	Bonjour. [bösehur]
Hallo!	Salut! [ßalü]
Wie geht's?	Ça va? [ßa wa]
Danke, gut.	Bien, merci. [bjē märßi]
Ich heiße ...	Je m'appelle ... [sehö mapäll]
Auf Wiedersehen.	Au revoir. [o röwoar]
Morgen	matin [matē]
Nachmittag	après-midi [aprämidi]
Abend	soir [ßoar]
Nacht	nuit [nüi]
morgen	demain [dömē]
heute	aujourd'hui [osehurdüi]
gestern	hier [jär]
Sprechen Sie Deutsch?	Parlez-vous allemand? [parle wu almā]
Wie bitte?	Pardon? [pardõ]
Ich verstehe nicht.	Je ne comprends pas. [sehö nö kõprā pa]
Sagen Sie es bitte nochmals.	Pourriez-vous répéter, s'il vous plaît? [purje wu repete ßil wu plä]
..., bitte.	..., s'il vous plaît. [ßil wu plä]
danke	merci [märßi]
Keine Ursache.	De rien. [dö rjē]
was / wer / welcher	quoi / qui / quel [koa / ki / käll]
wo / wohin	où [u]
wie / wieviel	comment / combien [komā / kõbjē]
wann / wie lange	quand / combien de temps [kā / kõbjē dö tā]
warum	pourquoi [purkoa]
Wie heißt das?	Comment ça s'appelle? [komā ßa ßapäll]
Wo ist ...?	Où est ...? [u ä]
Können Sie mir helfen?	Pouvez-vous m'aider? [puwe wu mäde]
ja	oui [ui]
nein	non [nõ]
Entschuldigen Sie.	Excusez-moi. [äksküse moa]
Das macht nichts.	Ça ne fait rien. [ßa nö fä rjē]

Sightseeing

Gibt es hier eine Touristeninformation?	Est-ce qu'il y a une information touristique ici? [äskilja ün ēformaßjõ turistik ißi]

Allgemeines (Fortsetzung)

Haben Sie einen Stadtplan / ein Hotelverzeichnis?	Avez-vous un plan de la ville / une liste des hôtels? [awe wus ē plā dö la wil / ün list des_otäll]
Wann ist das Museum / die Kirche / die Ausstellung geöffnet? geschlossen	Quelles sont les heures d'ouverture du musée / de l'église / de l'exposition? [käl ßõ les_ör duwärtür dü müse / dö leglihs / dö läksposißjõ] fermé [färme]

Shopping

Wo gibt es ...?	Où est-ce qu'il y a ...? [u äskilja]
Wieviel kostet das?	Ça coûte combien? [ßa kut kõbjē]
Das ist zu teuer.	C'est trop cher. [ßä tro schär]
Das gefällt mir (nicht).	Ça me plaît. / Ça ne me plaît pas. [ßa mö plä / ßa nö mö plä pa]
Gibt es das in einer anderen Farbe / Größe?	Ça existe dans une autre couleur / taille? [ßa äksist dãs_ün otrö kulör / taj]
Ich nehme es.	Je le prends. [sehö lö prā]
Wo gibt es hier eine Bank?	Où est-ce qu'il y a une banque ici? [u äskilja ün bāk ißi]
Ich suche einen Geldautomaten.	Je cherche un guichet automatique. [sehö schärsch ē gischä otomatik]
Geben Sie mir 100 g Käse / zwei Kilo Pfirsiche.	Donnez-moi cent grammes de fromage / deux kilos de pêches. [done moa ßā gram dö fromaseh / döh kilo dö päsch]
Haben Sie deutsche Zeitungen?	Avez-vous des journaux allemands? [awe wus de sehurno almā]
Wo kann ich telefonieren / eine Telefonkarte kaufen?	Où est-ce que je peux téléphoner / acheter une télécarte? [u äskö sehö pöh telefone / aschte ün telekart]

Notfälle

Ich brauche einen Arzt / Zahnarzt.	J'ai besoin d'un médecin / dentiste. [sehe bösoē dē medsē / dātist]
Rufen Sie bitte einen Krankenwagen / die Polizei.	Appelez une ambulance / la police, s'il vous plaît. [aple ün abüläs / la polis ßil wu plä]

Allgemeines

Städtebeschreibungen

Pau – Very British am Fuß der Pyrenäen   S. 30

Briten entdeckten die Heimatstadt Heinrichs IV. im 19. Jh. als idealen Urlaubsort. Wer es etwas urbaner mag, findet hier einen günstigen Standort für Ausflüge in die Westpyrenäen.

Pamplona (Iruña) – Stadt der Sanfermines   S. 35

Ernest Hemingway machte die Hauptstadt der Region Navarra mit seiner fesselnden Schilderung des bedeutendsten Volksfestes ganz Spaniens in seinem Roman „Fiesta" weltberühmt.

Routen

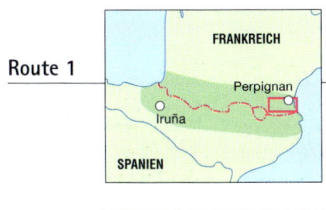

Route 1

Klöster vor erhabener Naturkulisse   S. 41

Im Osten der französischen Pyrenäen liegen inmitten einer faszinierenden Bergwelt Klöster, die zu den Höhepunkten der romanischen Baukunst zählen.

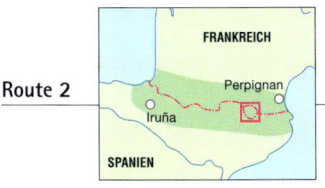

Route 2

Andorra – Mehr als eine Duty-free-Oase   S. 49

Wer die Autokolonnen in der Hauptstadt nicht scheut, findet in den Nebentälern eine intakte Landschaft.

Wir hatten einen Unfall.	On a eu un accident. [ŏ‿na ü ẽn‿akßidä]
Wo ist das nächste Polizeirevier?	Où est le poste de police le plus proche? [u ä lö post dö polis lö plü prosch]
Ich bin bestohlen worden.	On m'a volé. [ŏ‿ma wole]
Mein Auto ist aufgebrochen worden.	On a fracturé ma voiture. [ŏn‿a fraktüre ma woatür]

Essen und Trinken

Die Speisekarte, bitte.	La carte, s'il vous plaît. [la kart ßil wu plä]
Brot	pain [pẽ]
Kaffee	café [kafe]
Tee	thé [te]
mit Milch / Zucker	au lait / sucre [o lä / ßükrə]
Orangensaft	jus d'orange [schü doräsch]
Suppe	soupe [ßup]
Fisch / Meeresfrüchte	poisson / fruits de mer [poassŏ / früi dö mär]
Fleisch / Geflügel	viande / volaille [wjäd / wolaj]
Beilage	garniture [garnitür]
vegetarische Gerichte	cuisine végétarienne [küisin wesehetarjänn]
Eier	œufs [öh]
Salat	salade [ßalad]
Dessert	dessert [dessär]
Obst	fruits [früi]
Eis	glace [glass]
Wein	vin [wẽ]
weiß / rot / rosé	blanc / rouge / rosé [blä / rusch / rose]
Bier	bière [bjär]
Aperitif	apéritif [aperitif]
Wasser	eau [o]
Mineralwasser	eau minérale [o mineral]
mit / ohne Kohlensäure	gazeuse / non gazeuse [gasös / nŏ gasös]
Limonade	limonade [limonad]
Frühstück	petit déjeuner [pöti deschöne]
Mittagessen	déjeuner [deschöne]
Abendessen	dîner [dine]
eine Kleinigkeit	un petit quelque chose [ẽ pöti källkə schohs]
Ich möchte bezahlen.	L'addition, s'il vous plaît. [ladißjŏ ßil wu plä]
Es war sehr gut / nicht so gut.	C'était très bon. / Ce n'était pas si bon. [ßetä trä bŏ / ßö netä pa ßi bŏ]

Im Hotel

Ich suche ein gutes / nicht zu teures Hotel.	Je cherche un bon hôtel / un hôtel pas trop cher. [schö schärsch ẽ bŏn‿otäll / ẽn‿otäll pa tro schär]
Ich habe ein Zimmer reserviert.	J'ai réservé une chambre. [sehe resärwe ün schäbr]
Ich suche ein Zimmer für ... Personen.	Je cherche une chambre pour ... personnes. [schö schärsch ün schäbr pur ... pärßonn]
Mit Dusche und Toilette.	Avec douche et toilette. [awäk dusch e toalätt]
Mit Balkon / Blick aufs Meer.	Avec balcon / vue sur la mer. [awäk balkŏ / wü ßür la mär]
Wieviel kostet das Zimmer pro Nacht?	Quel est le prix de la chambre par nuit? [källьä lö pri dö la schäbr par nüi]
Mit Frühstück?	Avec petit déjeuner? [awäk pöti deschöne]
Kann ich das Zimmer sehen?	Est-ce que je peux voir la chambre? [äskö sehö pöh woar la schäbr]
Haben Sie ein anderes Zimmer?	Est-ce que vous avez une autre chambre? . [äskö wus‿awe ün otrə schäbr]
Das Zimmer gefällt mir (nicht).	La chambre me plaît / ne me plaît pas. [la schäbr mö plä / nö mö plä pa]
Kann ich mit Kreditkarte bezahlen?	Est-ce que je peux payer avec une carte de crédit? [äskö sehö pöh päje awäk ün kart dö kredi]
Wo kann ich parken?	Où est-ce que je peux laisser ma voiture? [u äskö sehö pöh lässe ma woatür]
Können Sie das Gepäck in mein Zimmer bringen?	Pourriez-vous apporter mes bagages dans la chambre? [purje wu aporte me bagasch dä la schäbr]
Haben Sie einen Platz für ein Zelt / einen Wohnwagen / ein Wohnmobil?	Vous avez de la place pour une tente / une caravane / un camping-car? [wus‿awe dö la plass pur ün tät / ün karawan / ẽ käpingkar]
Wir brauchen Strom / Wasser.	On a besoin de courant / d'eau. [ŏn‿a bösoẽ dö kurä / do]

Routen

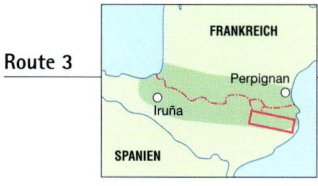
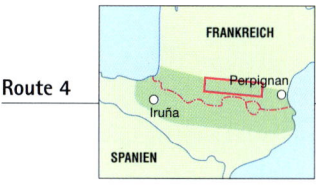
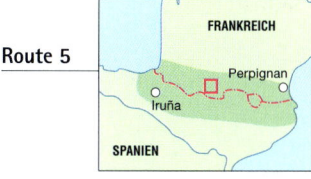
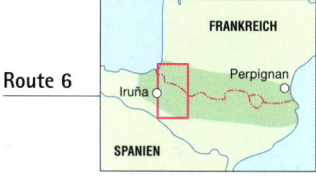

Editorial

Jeder kennt die Alpen, doch wie steht es mit den Pyrenäen? Der Gebirgszug zwischen Atlantik und Mittelmeer ist noch längst kein selbstverständliches Feriengebiet, und das Gedränge an beliebten Ausflugszielen und der Skirummel im Winter beschränken sich auf wenige Orte. Die Natur ist noch überwiegend intakt, die Dörfer sind noch weitgehend ursprünglich.

Eine Reise in die Pyrenäen ist ein Erlebnis für die Sinne. Man streift durch die nach Harz riechenden Wälder, genießt den Honigduft der ausgedehnten Blumenwiesen und lauscht dem Rauschen eines Baches oder der Stille ganz oben auf der Bergspitze.

Das Gebirge ist bei jedem Wetter faszinierend. Bei Sonnenschein stehen die schneebedeckten Gipfel weiß glitzernd vor strahlend blauem Himmel oder sie tauchen bei Nebel, geheimnisvollen Riesen gleich, aus dem Dunst auf. Stundenlang kann man dem wechselnden Lichtspiel zusehen.

Den eigenwilligen Reiz der Pyrenäen macht ihre landschaftliche wie kulturelle Vielfalt aus, der Gegensatz zwischen Norden und Süden, Berg und Tal, Mittelmeer- und Atlantikküste und das Zusammentreffen verschiedener Völker und Sprachen.

Anziehend wirkt auf viele auch die Verbindung von Kunst und Natur. Jeder Marktflecken hat seine Kirche und auf unwirtlichen Berggipfeln ragen imposante Klosteranlagen empor. Die meist aus unbehauenem Naturstein errichteten Gotteshäuser fügen sich harmonisch in die Landschaft ein und erhalten gerade durch die Kulisse einer mächtigen Felswand oder durch die weißen Gipfel im Hintergrund ihre unvergleichliche Wirkung.

Cirque de Gavarnie

Bei den Sanfermines in Pamplona riskieren junge Männer immer wieder ihr Leben

Die Autorin

Die promovierte Kunsthistorikerin **Beatrix Müller** mit dem Fachgebiet romanische Bauplastik in Spanien arbeitet als freiberufliche Autorin und Lektorin neben ihrer Tätigkeit als Studienreiseleiterin.

Vielvölker-gebirge

Auf einer Länge von rund 450 km bilden die Pyrenäen eine natürliche Barriere zwischen Frankreich und Spanien. Vielfach wurden sie deshalb als Grenzwall Europas bezeichnet, der die Iberische Halbinsel vom restlichen Europa abschirme. Doch diese Vorstellung stimmt nur bedingt, denn weder waren noch sind die Pyrenäen eine unüberwindbare Mauer aus Fels. Völker und Heere zogen über das Gebirge. Die Araber, die Truppen Karls des Großen und die Jakobspilger auf ihrem Weg nach Santiago de Compostela überquerten es. Im 20. Jh. flohen die Menschen vor den Nazischergen in die eine und aus Franco-Spanien in die andere Richtung. Schmuggler und Schäfer bahnten sich jahrhundertelang ihren Weg. Weder ethnisch noch kulturell oder sprachlich sind die Pyrenäen also eine Barriere. Basken und Katalanen leben hüben wie drüben und auch das Territorium des Fürstentums Andorra erstreckt sich nördlich und südlich des Bergkamms. Man feiert gemeinsame Feste und kennt dieselben Bräuche.

Lage und Landschaft

Die Pyrenäen sind ein lang gestreckter, in Ost-West-Richtung verlaufender Gebirgszug, der durch Quertäler gegliedert wird. Verkehrstechnisch wirkt sich dies eher ungünstig aus, weil es zwar diverse Nord-Süd-, jedoch nur wenige Ost-West-Verbindungen parallel zum Hauptkamm gibt.

Während die Pyrenäen am Nordrand schroff aus dem südfranzösischen Flachland aufsteigen, fallen sie im Süden sanft zum Ebro-Becken hin ab. Im Westen erfolgt der Übergang vom Atlantik eher fließend, wogegen im Osten noch ganz in Küstennähe Höhen von

um 1000 m erreicht werden. Die größte Breite misst man mit 140 km im zentralen Bereich des Gebirges. Auch die höchsten Erhebungen mit mehreren Dreitausendern liegen in der Mitte. Zwei Drittel der Pyrenäen erstrecken sich übrigens auf spanischem Boden, darunter die drei höchsten Gipfel, der *Pico de Aneto* (3404 m), der *Pico de Posets* (3371 m) und der *Monte Perdido* (3355 m), der höchste Kalksteinberg Europas. Im französischen Teil ist der *Vignemale* mit 3298 m einsame Spitze.

Klima und Reisezeit

Weite Teile der Pyrenäen zählen zur gemäßigten Klimazone, die sich von der Hochgebirgs- und der Mittelmeerregion unterscheidet. Die Bergkette bildet außerdem eine Wetterscheide, weshalb es auf der französischen Seite regnen kann, während am spanischen Südhang die Sonne scheint. In der Cerdagne, im französischen Pyrenäenvorland, wird die intensivste Sonneneinstrahlung ganz Frankreichs gemessen.

In den atlantiknahen Westpyrenäen herrscht ganzjährig ein mildes, feuchtes Klima, insgesamt ist das Wetter hier wechselhafter als im Osten. Regenschirm oder Regenjacke und ein Pullover sollten greifbar sein. In den Zent-

Trubel oder Stille

Wenn möglich sollte man die Monate der französischen und spanischen Schulferien (Juli/August) meiden. Die sonst recht einsamen Bergseen verwandeln sich dann in einen Tummelplatz picknickender Familien und Reisegruppen und Quartiere sind knapp. Die beste Reisezeit ist das Frühjahr, wenn sich die Bergwiesen in bunte Blütenmeere verwandeln. In den Hochpyrenäen kann dann allerdings noch reichlich Schnee liegen. Auch im September ist das Wetter meist stabil, der Verkehr hält sich in Grenzen.

ral- und Ostpyrenäen erfreut man sich in mittlerer Höhe dagegen eines Mittelmeerklimas mit trockenen Sommern. Wie in jedem Gebirge sind auch hier Klimastürze möglich. Bis Anfang Juni kann es schneien und ab September sind Kälteeinbrüche zu erwarten. Die tieferen Lagen eignen sich ganzjährig zum Wandern. Im Sommer herrscht allerdings mitunter große Hitze, sodass für ausreichenden Sonnenschutz gesorgt sein muss.

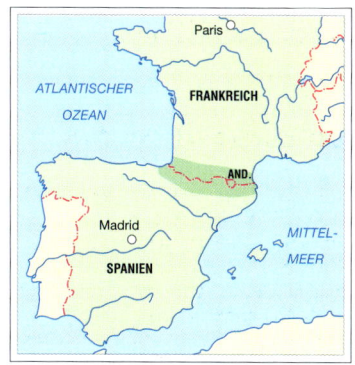

Natur und Umwelt

Wie Gürtel legen sich die verschiedenen Vegetationsstufen um die Bergflanken. Auf der niedrigsten wachsen bis in rund 800 m Höhe Eichen und Kastanien; es wird Mais und im Süden sogar Obst angebaut. Darüber (bis 1800 m) herrschen Buchenwälder, Tannen, Birken, Kiefern und Ebereschen vor. Es folgen die subalpine Stufe (bis 2300 m), auf der nur ver-

Im Pyrenäenvorland der Region Navarra

einzelt kleine Hakenkiefern wachsen, und die alpine (bis 2500 m), die blanker Fels prägt. Nur wenige Pflanzen haben sich den rauen Witterungsbedingungen in dieser Höhenlage angepasst. Ganz oben, über 3000 m halten es dann nur noch Moose und Flechten aus.

Wanderer werden in den Pyrenäen Pflanzen finden, die sie noch nie gesehen haben, sie werden über so manchen Vogel oder Schmetterling rätseln. Von rund 3300 Pflanzenarten sind nämlich fast 150 endemisch – ihre Verbreitung beschränkt sich weltweit auf dieses Gebiet.

Aufgrund der klimatischen und geografischen Gegensätze ist die Pflanzen- und Tierwelt artenreich. Typische Vertreter der Pyrenäenflora sind außer Tanne und Bergkiefer die Alpenrose, Pyrenäen-Distel und -Aster, die Glockenblume, Narzissen- sowie verschiedene Enzian- und Krokusarten. *Flor de Nieve*, „Schneeblume", nennt man im

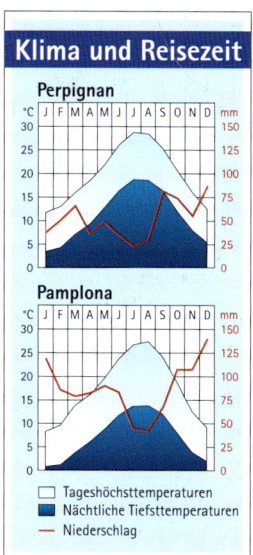

Klima und Reisezeit

Perpignan

Pamplona

☐ Tageshöchsttemperaturen
■ Nächtliche Tiefsttemperaturen
— Niederschlag

spanischen Teil das Edelweiß, *l'edelweiss* heißt es bei den Franzosen. In beiden Ländern ist die klassische Hochgebirgspflanze Namengeber zahlreicher Geschäfte und Cafés. Bis auf wenige glückliche Bergsteiger werden sich die meisten aber mit einer der überall erhältlichen Postkarten der seltenen Blume begnügen müssen.

Die fliegende Gesundheitspolizei

Im spanischen Teil des Gebirgszugs finden die Greife ideale Lebensbedingungen vor. Schluchten und steile Felswände bieten unzählige Nistmöglichkeiten und so wird jeder Reisende Adler und v. a. Geier sehen können. Besonders in den Tälern Navarras, im Ordesa-Nationalpark und in der Vallée d'Ossau sind sie hervorragend zu beobachten. Scheinbar ohne jeden Flügelschlag kreisen die gewaltigen Vögel im Zeitlupentempo am Himmel. Die größte Aktivität entwickeln sie am Vormittag und kurz vor Sonnenuntergang.

In den Pyrenäen sind Gänsegeier am häufigsten, doch kommen auch Schmutz-, Bart- und Mönchsgeier vor. Sie brüten auf unzugänglichen Felsvorsprüngen und suchen in kleinen Gruppen das Gelände nach Aas ab. Auch der Schlangenadler, der durch sein helles Gefieder auffällt, ist vergleichsweise häufig. Sporadisch lässt sich der scheue Steinadler blicken.

Bartgeier sind ebenfalls nur mit Glück auszumachen. Dieser Vogel hat eine einfache, aber effektive Technik, um an das von ihm geschätzte Knochenmark verendeter Tiere zu kommen: Er lässt die Knochen aus der Höhe auf einen Fels fallen, sodass sie zerbrechen und das Mark frei liegt.

Nachdem die Bestände der Greifvögel bis Anfang der 70er Jahre kontinuierlich abgenommen hatten, Grund waren u. a. die gegen Wölfe, Füchse und Marder ausgelegten Strychninköder, nimmt die Zahl der Tiere jetzt wieder zu. Die Vögel werden bis zu 40 Jahre alt, sind erst mit sieben oder acht Jahren ge-

Unter Geiern

In *La Falaise aux Vautours* in der Vallée d'Ossau können Besucher über eine in der Felswand installierte Videokamera das Leben einiger Geier live miterleben. Im Museum erfährt man viel über die faszinierenden Tiere (🕐 April bis Okt. tgl. 10–19 Uhr; ☎ 05 59 82 65 49).

schlechtsreif und ziehen meistens nur ein Küken pro Jahr groß. Durch die extensiv betriebene Schaf- und Ziegenhaltung finden sie ausreichend Nahrung, denn verendete oder angeschossene Tiere bleiben im Gelände liegen, bis die Gesundheitspolizei angeflogen kommt. Die Aasfresser übernehmen die Kadaverbeseitigung auf hygienische Art und erfüllen damit eine wichtige ökologische Funktion.

Auerhuhn & Co.

Neben den majestätischen Greifvögeln lebt in den Pyrenäen noch manch anderes Federvieh, darunter das Auerhuhn mit seinem glänzenden, schwarzgrünen Gefieder. Das Alpenschneehuhn passt sein Federkleid an die Farben der Umgebung an – weiß im Winter und graubraun im Sommer – und die Alpenkrähe ist an ihrem leuchtend roten Schnabel zu erkennen.

Pyrenäen-Gämse & Steinböcke

Vertraute Vierbeiner bevölkern die Berge, darunter die Pyrenäen-Gämse, eine Unterart der Alpen-Gämse, sowie der Pyrenäen-Steinbock, dessen Fortbestand allerdings gefährdet ist. Ganz selten wird man vielleicht auch Murmeltieren begegnen. Sie wurden erst Anfang des 20 Jhs. in den Pyrenäen ausgesetzt.

Nationalparks

Tunnels, Straßen, Gas-Pipelines und Skigebiete verändern den Lebensraum von Tieren und Pflanzen auf dramatische Weise. Bereits 1918 wurde der 157 km² umfassende *Ordesa-National-park* gegründet. 1955 folgte in Katalonien der *Nationalpark Aigües Tortes*, mit dessen Einrichtung weitere 102 km² unter Schutz gestellt wurden. Die Franzosen erklärten 1967 eine Fläche von 457 km² zum *Parc National des Pyrénées*. Zwar wird der Umweltschutz in beiden Ländern noch nicht von einer breiten Bevölkerungsschicht getragen, doch gibt es eine Vielzahl von Vereinen, die sich für seine Anliegen einsetzen. Wie überall bestimmt auch hier der Konflikt zwischen ökonomischen Interessen und dem Erhalt der Natur die Diskussion. Doch in einigen Fällen sind es gerade die Schutzzonen, die für wirtschaftliche Prosperität in den umliegenden Dörfern sorgen.

Dem Bären, Symboltier der Pyrenäen, wurde sogar ein Denkmal gesetzt

Sympathieträger Bär

Obwohl man höchstwahrscheinlich auf keiner noch so ausgedehnten Wanderung in den Pyrenäen einen Braunbären zu Gesicht bekommt, begegnen Touristen den Tieren immer wieder, sei es auf Postkarten, in Bildbänden oder auf regionalen Produkten. Der Kult um Meister Petz ist Jahrtausende alt: Er galt als Vorbote des Frühlings, wurde als Tiergott verehrt oder musste im Zirkus auf zwei Beinen gehen oder tanzen und Geld einsammeln. Die Bauern sehen in den Bären allerdings eher geschickte Räuber, die ihnen mühsam erzielte Ernten streitig machen.

Seit 1972 stehen die Braunbären in den Pyrenäen unter staatlichem Schutz. Umwelt- und Tierschutzverbände versuchen, mit Informationszentren, Vereinsgründungen und Bärenmuseen das schlechte Image, das *Monsieur Ours* bei Hirten und Bauern hat, aufzubessern. Nur wenige wissen, dass die 200 bis 400 kg schweren Riesen vorwiegend Vegetarier sind und lieber Gemüse als Schafe oder Ziegen verspeisen. Obstgärten und Maisfelder sind den eher

faulen Tieren willkommene, leicht zugängliche Nahrungsquellen. Vielleicht ist dies mit ein Grund für die Sympathie, die den Tieren von Alt und Jung entgegengebracht wird, außer von den Maisbauern natürlich. Die Regierung tut das Ihrige zur Imagepflege, indem sie z. B. jeden Hirten für ein von Bären gerissenes Tier großzügig entschädigt. Eine viel versprechende Initiative versucht außerdem, die Braunbären als Sympathieträger für die Tourismuswerbung zu nutzen. Meister Petz soll in Zukunft Produkte heimischer Berglandschaft als Werbemittel zieren.

Hoffentlich sind alle diese Bemühungen nicht längst zu spät. Bereits jetzt sind die wenigen Pyrenäenbären auf Zuchthilfe ihrer schwedischen oder russischen Verwandten angewiesen. 600 000 Jahre lebten die Braunbären in dem Gebirge, doch in nur wenigen Jahrhunderten haben es die Menschen geschafft, sie durch Rodung der Wälder, Jagd, Straßenbau und die skrupellose Vermarktung der Natur nahezu auszurotten.

Bevölkerung und Sprachen

Die Besiedlung des Gebirgszugs ist entsprechend den geografischen Gegebenheiten sehr unterschiedlich. Die Berge selbst sind wegen ihrer unwirtlichen Lebensbedingungen streckenweise nahezu menschenleer. Hinzu kommt, dass die Region massiv von der Landflucht betroffen ist. Vor allem in Aragón sind viele Dörfer dem Verfall preisgegeben. Das Vorland ist, abgesehen von einigen Zentren an der Küste, etwa den Ballungsräumen um Biarritz und Bayonne oder Perpignan, nicht dicht besiedelt. Städte wie Pau, Tarbes oder Pamplona entstanden am Fuß des Massivs.

Català

Mit den Spanischkenntnissen ist man spätestens in Puigcerdà oder Girona am Ende. Die Ortsschilder sind hier zweisprachig und auf eine spanisch gestellte Frage folgt die Antwort oft in Katalanisch. Català ist ein Zweig der romanischen Sprachfamilie mit Anklängen an das Spanische, Portugiesische und Provenzalische. Diese weitaus bedeutendste Regionalsprache Europas wird auch im Roussillon gesprochen, in der Provinz València, ferner auf den Balearen und sogar in der sardinischen Stadt Alghero, die im 14. Jh. von den Katalanen erobert worden war. In Andorra ist Català Amtssprache.

In der langen Geschichte Kataloniens, das immer wieder um seine Autonomie kämpfen musste, galt die Sprache als Ausdruck der Unabhängigkeit von der Zentralmacht Kastilien und später als Zeichen für die Befreiung von der Franco-Diktatur, während die Publikationen in Katalanisch verboten waren.

Euskera

Versteht man in Katalonien noch das eine oder andere Wort, ist man im Baskenland, sprachlich gesehen, hoffnungslos verloren. Außer in den drei baskischen Provinzen Spaniens wird das komplizierte Idiom im Département Pyrénées-Atlantiques gesprochen. Es

Sprachgewirr

In den Pyrenäen leben Franzosen, Spanier und Andorraner sowie, beiderseits der Grenzen, Basken und Katalanen. Damit verbunden ist ein geradezu babylonisch anmutendes Sprachgewirr. Es werden Baskisch, Katalanisch, Spanisch, also *castellano*, Französisch sowie zahlreiche Varianten südfranzösisch-okzitanischer und hocharagonesischer Dialekte gesprochen.

ist als einzige westeuropäische Sprache nicht indoeuropäischer Herkunft. Unter Franco wurde das Baskische systematisch bekämpft und so müssen sich die Erwachsenen ihre eigene Sprache mühsam in Kursen aneignen; die Kinder lernen sie als Pflichtfach in der Schule.

Religion

Die große Mehrheit der Spanier, Franzosen und Andorraner sind katholisch getauft, auch wenn sich augenblicklich weniger als die Hälfte von ihnen als praktizierende Katholiken versteht. Dennoch werden die Feiertage des Kirchenjahres sowie Patronatsfeste überall ausgiebig begangen und lokale Wallfahrten haben enormen Zulauf. Konservativ katholisch sind das Baskenland und Navarra. Hier hat die umstrittene ordensähnliche Laienorganisation *Opus Dei* einen weit reichenden Einfluss. Der aragonesische Priester José María Escriva de Balaguer hatte das „Werk Gottes" 1928 mit der Zielsetzung gegründet, eine geistige Elite heranzuziehen, damit sie Führungsaufgaben in der Gesellschaft übernehmen könne. In Pamplona betreibt Opus Dei deshalb eine Universität, die den Nachwuchs gezielt fördert. Von Franco unterstützt, verlor die inzwischen weltweit vertretene Organisation nach Finanzskandalen an Einfluss. In Papst Johannes Paul II. hat Opus Dei einen wohlgesonnenen Oberhirten gefunden.

Regionalbewusstsein

In den Dörfern und Städten der Pyrenäen wird oft und gern gefeiert. Anlässe geben die kirchlichen Festtage, die mit Tänzen und Umzügen in den regionalen Trachten begangen werden. Im Unterschied zu den stark touristischen Gebieten an der Küste leben in den Bergen Gebräuche und Sitten unverfälscht fort.

In Aragón tanzt man die **Jota**, die vermutlich arabischen Ursprungs ist. In Katalonien und im katalanischen Teil des Roussillon folgt man bei der **Sardana** einer streng festgelegten Schrittfolge. Sie wird zu den Klängen eines elfköpfigen Orchesters auf jedem Fest,

Karfreitagsprozession der Confrérie de la Sanch in Perpignan

Baskenland und Freiheit: die ETA

Immer wieder macht die baskische Separatistenorganisation durch Terroranschläge und Entführungen in der internationalen Presse Schlagzeilen. Ziel der Attentate sind Politiker, Mitglieder der Guardia Civil und des Militärs. Mehrmals waren aber auch Zivilisten unter den Opfern.

Die Etarras kämpfen für einen autonomen Staat, zu dem auch die in Frankreich lebenden Basken gehören sollen. Strategien der z. T. in Irland, Palästina oder Syrien gut ausgebildeten Guerillakämpfer sind ständige Provokation und die Destabilisierung der Gesellschaft. Ihr erklärter Gegner ist der spanische Staat, der als zentralistische Besatzungsmacht gegeißelt wird. Dabei genießt Euskadi, das spanische Baskenland, mehr Autonomierechte als viele andere europäische Regionen und weitaus mehr als die drei kleinen baskischen Provinzen im ebenfalls zentralistisch regierten Frankreich.

Die ETA ging 1959 aus der Jugendorganisation der baskisch-nationalistischen Partei PNV hervor und hat sich seit den 60er Jahren dem bewaffneten Kampf verschrieben. Unter Franco, als die baskischen Provinzen Vizcaya und Guipúzcoa zur Strafe für ihre Unterstützung der Republikaner während des Bürgerkriegs politisch wie kulturell unterdrückt worden waren, genoss die ETA in weiten Teilen der Bevölkerung besondere Sympathien. In Zeiten sozialer Spannungen und hoher Arbeitslosigkeit erfreute sich die ETA enormen Zulaufs. Durch Anschläge auf Privatpersonen und ihr ausgesprochen brutales Vorgehen bei Entführungen verspielte sie sich diese Unterstützung jedoch inzwischen weitgehend. Nach der Ermordung eines jungen Lokalpolitikers im Sommer 1997 kam es in Spanien zu den größten Anti-ETA-Demonstrationen seit Jahren. Gleichzeitig versammelten sich jedoch im Baskenland Tausende Anhänger der Untergrundorganisation, aufgerufen von der Partei Herri Batasuna, dem politischen Arm der ETA. Die enormen Menschenmengen, die für oder gegen die ETA auf die Straßen auch vieler Städte außerhalb des Baskenlands gehen, machen deutlich, wie sehr das Schicksal Euskadis die Gemüter bewegt.

Steckbrief

Charakterisierung: Hochgebirge zwischen Biskaya und Mittelmeer.

Ausdehnung: Länge: ca. 450 km, durchschnittliche Breite 100 km.

Schneegrenze: 2700 m–3100 m.

Staatsgebiete: Spanien, Frankreich, Andorra.

Höchster Gipfel: Pico de Aneto (E), 3404 m.

Pässe: Die wichtigsten sind **Puerto de Ibañeta** und **Col du Somport,** der seit 1999 untertunnelt ist. In den Zentralpyrenäen gibt es zwei Tunnel, einen nördlich von Bielsa (seit 1976) und einen weiteren südlich von Vielha (seit 1948). Im Dreiländereck führt der **Col du Puymorens** über den Gebirgskamm.

Nationalparks: Parc National des Pyrénées (F), Parque Nacional de Ordesa y Monte Perdido (E), Parc National d'Aigües Tortes i Sant Maurici (E).

Wirtschaft

Als die „Seele der Pyrenäen" galt und gilt noch bis heute der **Schäfer.** Noch immer wird das System der sog. großen Transhumanz praktiziert, d. h. die Tiere leben im Sommer auf den Hochgebirgsalmen, die von der Gemeinschaft genutzt werden, und kommen im Herbst auf die Pachtweideflächen in der Ebene. **Ackerbau** wird in der Gebirgsregion fast nur noch für den Eigenbedarf betrieben. Zu klein sind die Parzellen, veraltet die Arbeitsmethoden. Landflucht ist die Konsequenz. Lediglich im Béarn und im Roussillon floriert der Obst- und Gemüseanbau. Sogar Wein gedeiht hier. In tieferen Lagen werden Mais und Weizen angebaut.

An **Bodenschätzen** gibt das Gebiet nicht mehr viel her. Das einst wichtige Erdgasvorkommen bei Pau (Lacq) wird bald erschöpft sein. Viele der kleineren Minen (Eisen, Blei, Zink) mussten in den letzten Jahren mangels Rentabilität geschlossen werden. Nur das Wasser bringt noch wirtschaftlichen Nutzen: Zahlreiche Kraftwerke produzieren Strom für Frankreich. Bedeutende **Industrie** gibt es bis auf Standorte in Bayonne (petrochemische Industrie), Pau und Tarbes (TGV- und Flugzeugzulieferbetriebe) nicht.

Das Kapital des Gebirges ist die Natur, die seit einigen Jahren verstärkt touristisch vermarktet wird, wobei man auf eine lange Tradition zurückblicken kann. Schon im 19. Jh. kamen Reisende, um die atemberaubende Gebirgswelt zu bewundern und sich in den Thermalquellen zu kurieren. Ziel aktueller Fremdenverkehrspolitik ist ein attraktiver **Ganzjahrestourismus:** Skifahren im Winter, Wandern gekoppelt mit den sog. Extrem- und Fun-Sportarten im Sommer. Der Tourismus wird in den Pyrenäen mit Ausnahme von Lourdes oder dem Ordesa-Nationalpark jedoch nie die Rolle spielen wie in den Alpen oder an der Küste. Alleine schon die Geografie verhindert die hierfür nötige Infrastruktur: Riesige Skigebiete

sonntags nach der Kirche oder spontan getanzt. Die Sardana gilt als Ausdruck der Freiheit Kataloniens und steht für das Gemeinschaftsgefühl. Die Stabilität und Solidarität der katalanischen Nation symbolisieren die **castells,** zu denen sich meistens junge Männer pyramidenartig aufeinander stellen.

Weitaus kraftvoller geht es auf den Festen im Baskenland zu. Da werden Wettbewerbe im Steinewerfen, Eichbaumsägen und Seilziehen abgehalten. Doch die Leidenschaft der Basken gilt der **Pelota.** Jedes noch so kleine Dorf hat für dieses Spiel, das an Squash erinnert, eine geeignete Wand, den *frontón.* Zwei Mannschaften mit je drei Spielern treten gegeneinander an und schleudern einen kleinen, harten Ball entweder mit der bloßen Hand oder mit der *chistera,* einer Art Korb.

mit langen Pisten können gar nicht geschaffen, eine monatelange Schnee-garantie kann nicht gegeben werden. Welche positiven Seiten die Einschrän-kungen haben, leuchtet angesichts der Probleme, die die Alpen dem Touris-mus zu verdanken haben, ein.

Verwaltung und Politik

Drei Staaten, Spanien, Frankreich und Andorra, teilen sich heute die Pyre-näen, deren weitaus größter Teil auf Spanien entfällt. Entlang der Südflanke reihen sich von West nach Ost vier in jeder Hinsicht unterschiedliche Regio-nen aneinander: **Euskadi** (Baskenland), **Navarra**, **Aragón** und **Catalunya**. Kata-lonien und das Baskenland haben bereits Ende der 70er Jahre ein Autonomiestatut erhalten, das einigen noch nicht umfassend genug ist. **Andorra** am Westrand des östlichen Drittels nimmt ein 453 m² großes Areal ein. Die französische Nordflanke glie-dert sich in die **Départe-ments Pyrénées-Atlantiques, Hautes-Pyrénées, Haute-Ga-ronne, Ariège** und **Pyrénées-Orientales.** Sie sind Teil der Regionen Aquitaine, Midi-Pyrénées und Languedoc-Roussillon. Bekannter sind vielleicht die Namen der histori-schen Provinzen Basse-Navarre, Béarn, Cerdagne, Bigorre und Roussillon.

Musik darf auf keinem Fest fehlen

Die Sardana – Inbegriff kata-lanischen Selbstbewusstseins

Politik und Verwaltung

Eine die Nationalitäten übergreifende Identität aller Pyrenäenbewohner ist bisher denkbar gering ausgeprägt und kommt gegen das regionale Bewusst-sein gewöhnlich nicht an. Europa funktioniert auch hier hauptsächlich von oben: Französische und spanische Unternehmen teilten z. B. den weitge-hend von der EU finanzierten Bau des Tunnels am Somport-Pass unter sich auf. Naturschützer und Bürgerini-tiativen tun sich mit der Internationali-sierung erheblich schwerer.

Der Schäfer gilt als die Seele der Pyrenäen

Geschichte im Überblick

15 000–10 000 v. Chr. Altsteinzeitliche Malereien entstehen in Höhlen der Ostpyrenäen.

5./6. Jh. Die Pyrenäen sind Teil der Westgotenreiche von Toulouse, später von Toledo.

711 Die Mauren besiegen die Westgoten und besetzen große Teile Spaniens, 720 überschreiten sie die Pyrenäen.

778 Karl der Große wird im Kampf gegen die Araber bei Zaragoza zurückgedrängt, seine Nachhut unter Führung des Paladin Roland bei Roncesvalles geschlagen.

801 Ludwig der Fromme erobert Barcelona.

9. Jh. Auch Katalonien gehört zum Frankenreich, wird aber zusammen mit dem Roussillon unter einem Markgrafen selbständig verwaltet.

11. Jh. Das Königreich von Navarra erreicht den Höhepunkt seiner Macht. Beginn der Reconquista, der Rückeroberung arabisch besetzter Gebiete durch die Christen.

11.–13. Jh. Die Wallfahrt nach Santiago de Compostela erlebt ihre Blütezeit.

1209–1229 Albigenserkriege gegen die Katharer. Besitzungen der Grafen von Foix fallen an die französische Krone.

1276 Gründung des Königreichs von Mallorca mit Perpignan als zweiter Hauptstadt.

1278 Im Paréage-Vertrag teilen sich der Graf von Foix und der Bischof von Urgell die Herrschaft über Andorra.

14. Jh. Die Grafschaft Foix-Béarn gewinnt an Größe und Einfluss.

1462–1472 Katalanischer Bürgerkrieg. Das Roussillon und die Cerdagne werden an Frankreich verpfändet.

1512 König Ferdinand von Kastilien-Aragón besetzt Navarra.

1520 Navarra wird zuerst von Frankreich eingenommen und anschließend bis auf Niedernavarra von Spanien zurückerobert.

1589 Heinrich von Navarra besteigt als Heinrich IV. den französischen Thron.

1595–1598 Krieg zwischen Frankreich und Spanien. Katalanischer Unabhängigkeitsversuch.

1640 Katalonien erklärt vorübergehend seine Selbstständigkeit. Die zu Hilfe gerufenen Franzosen besetzen 1642 das Roussillon.

1659 Im Pyrenäenfrieden muss Spanien das Roussillon und die nördlichen Teile der Grafschaft Cerdagne an Frankreich abtreten, die heutige Grenze wird festgelegt.

1701 Spanischer Erbfolgekrieg: Aragón, Katalonien und Navarra verlieren ihre Autonomie.

Um 1900 Einsetzen des Thermaltourismus im Pyrenäenvorland.

1931 In Spanien wird die Republik ausgerufen.

1932 Autonomiestatut für Katalonien, zwei Jahre später Ausrufung der Katalanischen Republik.

1936–1939 Spanischer Bürgerkrieg. 1938 werden die republikanischen Truppen von Franco nach Katalonien und in die Pyrenäen zurückgedrängt, 400 000 Menschen flüchten über die Pyrenäen nach Frankreich.

1939 Sieg der aufständischen Truppen unter General Franco.

Das Autonomiestatut Kataloniens wird aufgehoben.

1940–1945 Tausende flüchten aus dem von den Nazis besetzten Frankreich über die Pyrenäen nach Spanien. Ende 1942 wird auch Südfrankreich bis an die Pyrenäen von deutschen Truppen besetzt. Die Berge sind ein wichtiges Rückzugsgebiet der Résistance.

1959 Gründung der baskischen Separatistenorganisation ETA in Bilbao.

1967 Nach zwei spanischen Nationalparks wird mit dem Parc National des Pyrénées auch in Frankreich ein Schutzgebiet eingerichtet.

1973 ETA-Terroristen ermorden den spanischen Ministerpräsidenten Carrero Blanco.

1975 Juan Carlos I. besteigt nach dem Tod Francos den spanischen Thron. Beginn des Demokratisierungsprozesses.

1977 Nach den ersten freien Parlamentswahlen in Spanien erhalten das Baskenland und Katalonien den Status der vorläufigen Autonomie.

1979 Die Autonomiestatute für das Baskenland und Katalonien werden durch Plebiszite angenommen.

1993 Das Fürstentum Andorra gibt sich eine neue Verfassung.

1994 Andorra wird in die UNO und den Europarat aufgenommen. Über Frankreich und Spanien sowie diverse Sonderverträge ist es in die EU eingebunden, ohne offizielles Mitglied zu sein.

1997 Großdemonstrationen gegen den Terror der ETA in Spanien, im Baskenland finden Sympathiekundgebungen für die ETA statt.

1999 Eröffnung des Straßentunnels unter dem Col du Somport.

Karl der Große überschritt mit einem großen Heer die Pyrenäen, um gegen die Araber zu kämpfen

Internationale Brigade im Spanischen Bürgerkrieg

Aufruf zur Demonstration im Baskenland

Kultur gestern und heute

Erstaunliche Gewölbe

Der technische Fortschritt, vor allem in der Wölbtechnik, ermöglichte neue Bauformen. Die Grundrisse wurden immer komplizierter, Holzdecken wichen Tonnengewölben und statt Bruchstein verwendete man exakt behauene Quader. Die Abteikirche von Saint-Martin-du-Canigou zählt zu den ersten vollständig eingewölbten Sakralbauten Westeuropas.

Die frühesten künstlerischen Äußerungen im Pyrenäengebiet sind prähistorische Höhlenmalereien, wie sie beispielsweise in der Grotte de Niaux zu bewundern sind. Vor 13 000 Jahren haben hier Steinzeitkünstler Wisente, Pferde und Hirsche in schwarzen Umrissen auf die Felswände gebannt. Aus der römischen Epoche hat fast nichts die Zeiten überdauert und das wenige, das übrig geblieben war, diente als Material für neue Gebäude, z. B. für die romanische Kirche Saint-Just in Valcabrère. Einen Einzelfall bildet Saint-Bertrand-de-Comminges, wo Ausgrabungen Teile einer großen römischen Siedlung zu Tage förderten.

Romanik

Bis auf wenige Ausnahmen blieben in den Pyrenäen also keine nennenswerten Bauwerke aus der Zeit vor dem 11. Jh. erhalten. Doch um die Jahrtausendwende hatten sich die politischen und wirtschaftlichen Kräfte konsolidiert. Es setzte ein regelrechter Bauboom ein. Abteien, Kirchen und Kapellen wurden errichtet, neue Bischofssitze gegründet und Kathedralen geweiht. Adelige betätigten sich zunehmend als Bauherren. Sie stifteten Klöster und waren darauf bedacht, dass mindestens ein Familienmitglied geistlicher Würdenträger wurde. Selbst in den unzugänglichsten Winkeln des Gebirges entstanden Mönchsgemeinschaften.

Einen wichtigen Impuls brachte die Wallfahrt nach Santiago de Compostela (S. 79), wo das Grab des hl. Jakobus im 11./12. Jh. gewaltige Pilgerströme anzog. Entlang der vier Hauptwege durch Frankreich, die am Somport- oder Ibañeta-Pass die Pyrenäen überquerten, herrschte rege Bautätigkeit.

Im östlichen Pyrenäenraum führten Bauleute aus Oberitalien den sog. **lombardischen Stil** ein. Das Kloster St-Michel-de-Cuxa gab für seine Verbreitung einen entscheidenden Impuls, St-André-de-Sorrède, Kloster Elne und die Kathedrale von La Seu d'Urgell folgten. Charakteristisch sind die durch flache Lisenen und Rundbogenfriese gegliederten Wände. Auch die hohen frei stehenden Glockentürme mit Rundbogenarkaden waren ein italienischer Import.

Krypta und Kirche (11. Jh.) des Klosters von Leyre in Navarra zählen zu den ersten romanischen Bauten auf spanischem Boden überhaupt. In Andorra wurden eine Reihe kleiner, einfacher Kirchen errichtet, die sich durch eine bemerkenswerte Vielfalt der architektonischen Lösungen auszeichnen. Sie sind wie die Häuser aus unregelmäßig behauenen und unverputzten **Bruchsteinen** erbaut und werden meist von einem auffallend schlanken Glockenturm mit Zwillingsfenstern flankiert.

Schmückende Elemente

Mit der Romanik entsteht zum ersten Mal seit der Antike wieder eine monumentale **Bauplastik**. Kreuzgänge und Portale werden mit Kapitellen und Reliefs geschmückt, die Episoden aus der Bibel illustrieren. Dargestellt ist mit bemerkenswerter Fantasie und Fabulierkraft eine mittelalterliche Tier- und Dämonenwelt, die von Angst und der

Hoffnung auf Erlösung zeugen. Das Roussillon besitzt mit dem Türsturz von St-Génis-des-Fontaines vermutlich das älteste datierbare Beispiel romanischer Skulptur. Er ist, wie eine Inschrift belegt, im Jahr 1019/20 entstanden. Die Kreuzgangkapitelle in St-Michel-de-Cuxa und die Tribüne der Klosterkirche, die leider nur in Fragmenten erhalten ist, beeinflussten die Bildhauer im Roussillon beispielsweise in St-Martin-du-Canigou, Serrabone und Elne.

Die Bauplastik wie auch die Architektur der Kathedrale von Jaca in Aragón übten nachhaltigen Einfluss auf die Kirchen entlang des Pilgerwegs diesseits und jenseits der Pyrenäen aus.

Romanische Klosterkirche von Santa Cruz de la Seros

Leyre und Sangüesa sind zwei Beispiele für die sog. **Skulptur des Pilgerwegs,** die trotz zahlreicher Berührungspunkte vielfältige regionale Ausprägungen kennt. Die Fassaden boten eine gute Gelegenheit, die durchziehenden Wallfahrer mit Hilfe von Skulpturenbildern zu belehren und zu ermahnen. Doch auch abseits des Jakobsweges, etwa im Béarn und in Katalonien, blieben mit dem Kloster Santa Maria in Ripoll oder dem Kreuzgang der Kathedrale von Girona zwei beeindruckende Zeugnisse romanischer Steinmetzkunst erhalten.

Alles aus Naturstein – ländliche Architektur in Aragón

Großflächige, bunte **Wandmalereien** schmückten oft das Innere der Kirchen. Bis auf wenige Ausnahmen, z. B. in St-Martin-de-Fenollar, sind die meisten Fresken heute aus konservatorischen Gründen von den Wänden abgenommen worden und nur noch in Museen zu sehen. Vielfach wurden die Originale vor Ort durch gute Kopien ersetzt.

Den wohl kostbarsten Schatz mittelalterlicher Kunst bilden die illuminierten **Handschriften,** etwa der Apokalypsekommentar des Mönchs Beatus (975; Kathedralmuseum Girona und Diözesanmuseum La Seu d'Urgell). Aus Holz geschnitzt entstanden zahlreiche Marienstatuen und einige beeindruckende großfigurige Darstellungen der Kreuzabnahme (Sant Joan de les Abadesses).

Reiseliteratur

Ende des 19., Anfang des 20. Jhs. entdeckten Europas Schriftsteller und Künstler die Pyrenäen. Man kurte in den vornehmen Thermalbädern und war von der Bergwelt begeistert. Einer der bekanntesten Reisenden jener Zeit war **Kurt Tucholsky** (1890–1935). Er veröffentlichte 1927 „Ein Pyrenäenbuch". Der scharfsinnige Essayist und brillante Stilist schrieb natürlich keinen einfachen Reiseführer, sondern schildert die Landschaft und ihre Menschen mit dem ihm eigenen Humor und Ingrimm. Zwar ließe sich über viele seiner Urteile streiten, doch ist Tucholskys „Pyrenäenbuch" auf jeden Fall eine amüsante Reiselektüre.

Gotik, Renaissance und Barock

Die **Gotik,** ein Kunstimport aus dem Norden Frankreichs, verschaffte sich im Pyrenäengebiet erst sehr spät Eingang und hat nur wenige bemerkenswerte Gebäude hervorgebracht. Durch die Albigenserkriege kam die Bautätigkeit in großen Teilen Südfrankreichs Anfang des 13. Jhs. zum Erliegen.

Die Sakralbauten Kataloniens streben nicht so in die Höhe wie ihre Vorbilder im Norden. Die auf der Kombination von **Spitzbogen** und **Kreuzrippengewölbe** beruhenden technischen Möglichkeiten wurden stärker zur horizontalen als zur vertikalen Ausdehnung genutzt, wofür die Kathedrale von Girona aus dem frühen 15. Jh. als Beispiel steht. Sie besitzt mit 23 m das breiteste Schiff aller überhaupt bekannten gotischen Kathedralen. Sehenswert sind auch die Gotteshäuser von Bayonne und Perpignan sowie die kleine Stiftskirche in Roncesvalles.

Die **Renaissance** hat sich im Pyrenäengebiet nicht durchgesetzt. Lediglich im Schloss von Pau wurden bei der Umgestaltung der wehrhaften Burg in einen wohnlichen Palast großzügige Kamine, breite Ehrentreppen und aufwändige Portale im Renaissancestil eingesetzt.

Die prunkvolle Formensprache des **Barock** blieb auf die **Innenausstattung** und vor allem auf in überbordendem Goldschmuck schwelgende Altäre (z. B. Pfarrkirche in Prades, Kathedrale in Perpignan) begrenzt. Mancherorts wurden den älteren Bauten moderne Portale vorgeblendet, beispielsweise der Kathedrale von Girona.

Belle Époque

Ein regelrechter Bauboom setzte Ende des 19. Jhs. ein. Der internationale Hochadel, Europas Königshäuser, Stars und Sternchen entdeckten die Thermalbäder im Gebirge und die schönsten Städte an der Küste als Kur- und Ferienorte. Den Bedürfnissen der neuen Klientel entsprechend wurden exklusive Hotels, hochherrschaftliche Villen, Kasinos, Kureinrichtungen sowie ausgedehnte Parkanlagen und elegante Flanierpromenaden entworfen.

Viele dieser architektonischen Zeugnisse des Lebensgefühls der Belle Époque finden sich in Biarritz, Les Eaux-Bonnes, Cauterets und in Pau, auch wenn inzwischen vielerorts die Pracht ein wenig abgebröckelt ist.

In Lourdes verlangte das schlagartig gestiegene Pilgerwesen Ende des 19. Jhs. nach neuen Kirchen und so entstanden riesige Basiliken in einem schwülstigen Stilmix neogotischer und neoromanisch-byzantinischer Elemente.

Und heute ...

Die Architekturaufträge des ausgehenden 20. Jhs. bestehen vor allem in der Schaffung von Hotelkomplexen

Imposante Festungen

Das Barock setzte sich mit Festungsanlagen des **Sébastien le Prestre de Vauban,** des Militärbaumeisters Ludwigs XIV., großartige Denkmäler. Nach Abschluss des Pyrenäenvertrages im Jahr 1659, in dem die noch heute gültige Grenze zwischen Spanien und Frankreich festgelegt worden war, mussten die erworbenen Territorien geschützt werden. Vauban (1633–1707) unternahm zunächst eine Inspektionsreise entlang den Pyrenäen und ließ dann die Grenze mit einem ganzen System von Bollwerken abriegeln. In Villefranche-de-Conflent, Mont-Louis, Bayonne und Perpignan blieben Werke des vielseitig begabten Vauban erhalten, der Generalinspekteur des französischen Festungswesens war. Bis ins 19. Jh. bestimmte seine Bauweise die Militärarchitektur Europas.

beträchtlichen Ausmaßes, aber zuweilen von zweifelhafter Qualität, hinzu kommen Wohnanlagen und einige wenige Kirchen wie das Santuario de Méritxel in Andorra.

Dem Sport und den Vergnügungen geweiht sind die Caldea-Therme bei Andorra la Vella oder die ultramodernen Sport- und Konzertpaläste in Pau. Viel Neues fällt den Architekten offensichtlich nicht ein und so greifen sie auf das Formenrepertoire vergangener Epochen zurück, das scheinbar beliebig kombiniert und zitiert wird.

Der Festungsbaumeister Sébastien le Prestre de Vauban

Varianten ländlichen Bauens

Von erstaunlicher Vielfalt sind hingegen die einfachen Wohnhäuser in den verschiedenen Regionen der Pyrenäen. Da die natürlich entscheidenden Faktoren für die ländliche Architektur die klimatischen und topografischen Gegebenheiten waren, änderte sich die Bauweise oft selbst über Jahrhunderte hinweg kaum. Schneereiche Winter ließen die Menschen in den Bergen steile Dächer bevorzugen, im Gegensatz zu den flacheren im Vorgebirge.

Im **Baskenland** fallen strahlend weiße Fassaden und rote Balkone auf. Über dem steinernen Erdgeschoss folgen Fachwerketagen und der Dachboden, in dem das Futter für das Vieh gelagert wird. Die Bewohner des **Béarn** schmücken die Front ihrer Häuser oftmals mit Mosaiken aus Kieselstein. Im Ariège baut man mit zurechtgehauenen Steinen, ohne Mörtel. Die Holzbalustraden der Balkone werden zum Trocknen des Gemüses benutzt, was neben dem praktischen Zweck auch noch hübsch aussieht. Wie in den meisten Bergregionen sind die Dächer mit Schiefer gedeckt.

In den höher gelegenen Dörfern von **Aragón** charakterisieren unverputzte Bruchsteinfassaden die Häuser. Auffallend sind hier die hohen Schornsteine mit ihren winzigen Dächern.

Veranstaltungskalender

Februar: *Karneval*, z. B. in Bielsa.

Ostern: Karfreitagsprozession der Sanch-Bruderschaft in Perpignan.

April: Internationales Festival geistlicher Musik in Lourdes.

Mai: *Concurs-Exposició de Flores:* Floristen schmücken die Altstadt Gironas mit Blumen.

Juni: Johannisfeuer im Roussillon.

Juli: Theaterfestival in Gavarnie. Internationale Filmtage in Prades. *Sanfermines* in Pamplona.

Juli/August: *Journées médiévales Gaston Fébus:* Mittelalter-Fest in Foix. *Festival Pablo Casals* in Saint-Michel-de-Cuxa. *Pelota-Festival* in Biarritz. Kammermusikfest in Prades.

Juli/September: Mittelalterliches Mysterienspiel *San Ermengol* in La Seu d'Urgell (jeden Sonntag).

August: *Fête Léon* (u. a. Stierkämpfe) in Bayonne. *Fête de la Mer* in Biarritz.

August/September: *La Morisma:* historisches Fest in Ainsa.

September: Wallfahrt zur Hl. Jungfrau von Méritxel, Andorra (8. 9.). Filmfestival und Surfmeisterschaften in Biarritz.

Oktober: Peperoni-Fest in Espelette.

Rendezvous der Sinne

Gaumenfreuden werden in den gesamten Pyrenäen hoch geschätzt. Die Freude am gemeinsamen Essen mit Freunden und Bekannten eint Franzosen, Spanier und Andorraner. Man achtet auf die Qualität der Zutaten, doch es herrscht kein Ess-Snobismus. Die Mahlzeiten werden reichlich bemessen, sind meist deftig und sättigend – eben Hausmannskost für körperlich schwer arbeitende Bauern und Schäfer. An der Küste kommt dagegen viel Fisch auf den Tisch.

Das **Baskenland** genießt den Ruf, die beste Küche ganz Spaniens zu besitzen, und auch im französischen Teil kommen Feinschmecker auf ihre Kosten. An der Küste serviert man Seehecht *(merluza)*, Kabeljau und v. a. den aromatischen roten und weißen Thunfisch. In den Bergen schätzt man die *loukinkos*, kleine Knoblauchwürste.

Ein bestimmendes Merkmal baskischer Speisen sind die Chilipfefferschoten aus Espelette, *piment d'Espelette* genannt. Der echte *jambon de Bayonne* ist eine der größten Delikatessen überall in den Pyrenäen. Der rohe Schinken wird gepökelt und dann neun bis zehn Monate an der frischen Bergluft getrocknet. Zum Nachtisch gibts *gâteau basque*, einen mit Sahne oder Kirschkonfitüre gefüllten Butterkuchen. Unschlagbar schmeckt die handgemachte Schokolade aus Bayonne!

Frisch gefangene Forellen *(trucha)*, die mit einer Scheibe Schinken gebraten sind, isst man in **Navarra**. Neben eher ungewöhnlichen Kombinationen wie Rebhuhn in Schokoladensauce wird auch Bodenständiges wie *calderete*, ein Eintopf aus Fleisch, Kartoffeln und Gemüse, aufgetischt.

In **Aragón** wird würziger Lammbraten serviert, doch die Spezialität ist *sopa roya*, ein Gemüseeintopf mit Hartwurst.

Im ganzen **Südwesten Frankreichs** werden Mastenten gehalten. In unterschiedlichen Kombinationen und Varianten kommen *foie gras de canard* und *foie gras d'oie*, also die Enten- und Gänsestopfleber, auf den Teller. Seit dem 17. Jh. werden die Tiere ungeachtet aller Proteste der Tierschützer gewaltsam mit Mengen von Mais vollgestopft, bis ihre Leber krankhaft anschwillt und verfettet. Die *foie gras* ist unverändert die Delikatesse der südwestfranzösischen Küche. Unter dem Namen *confit* wird das in eigenem Fett geschmorte Fleisch der Vögel verkauft. Eine weitere Spezialität ist *cassoulet*. In der Nähe von Tarbes kocht man den mit Schinken, Trockenwurst und Speckschwarten angereicherten Bohneneintopf aus den exklusiven *haricots tarbais*, die nur am Stengel von Maispflanzen gedeihen.

Das Essen im **Béarn** ist einfach und knoblauchreich. Als Klassiker gilt die *garbure*, eine deftige Gemüsesuppe mit Schweine-, Gänse- oder Entenfleisch. Das typische Winteressen muss so dick sein, dass der Löffel darin stehen bleibt. Das *poule au pot dou nouse Henric* verdankt seinen Namen einem legendären Ausspruch Heinrichs IV., der jedem seiner Untertanen sonntags ein Huhn im Topf versprochen hatte.

Eine süße Köstlichkeit aus den **Hoch-pyrenäen** ist der *gâteau à la broche*. Die Herstellung des pyramidenförmigen Tropfkuchens beansprucht mehrere Stunden, da er an einem Stab über dem Feuer immer wieder gedreht und mit einem schweren Teig begossen wird.

Ofenfrisches Baguette – einfach und immer köstlich!

Die Küche des **Roussillon** in den Ostpyrenäen zeigt sich von der Provence und von Katalonien beeinflusst. So reicht man zum Aperitif ein mit Olivenöl beträufeltes Brot, das mit Tomate oder Olivenpüree bestrichen wird. Durch die Küchen zieht der Duft der Kräuter und Gewürze des Midi, wie Thymian, Rosmarin und Knoblauch.

In den Bergen **Kataloniens** schätzt man deftige Gerichte wie *mongetes amb botifarra*, gebratene Schweinswürste auf weißen Bohnen. Öl und Knoblauch fehlen bei fast keinem katalanischen Gericht. Gewöhnungsbedürftig ist der *arròs negre*, ein durch die Tinte des Tintenfischs schwarz gefärbter Reis. Bei der *crema catalana*, Vanillecreme mit Karamell, sind sich alle wieder einig: einfach himmlisch!

Käse nach Art des Baztán-Tals

Wein im Gebirge?

Obwohl die Pyrenäen keine richtige Weingegend sind, keltert man hier gute und seltene Tropfen.

Ein winziges Anbaugebiet hoch in den Westpyrenäen bringt den *Iroulèguy* hervor. In Pariser Restaurants gilt es als chic, den teuren, erfrischend-säuerlichen Wein zu bestellen.

Probieren sollte man auch den *Chacolí* aus dem spanischen Teil der Pyrenäen, der zur Kategorie der *vinos verdes*, der grünen Weine, zählt. Er ist trocken, spritzig und perlend. Navarra bringt sehr gute Roséweine und im Süden der Region berühmte Rotweine hervor.

Die wohl besten traditionsreichen Weine des Béarn, die aus einem streng eingegrenzten Anbaugebiet um Pau kommen, sind die zart duftenden Rosés. Sie wurden bereits im 17. Jh. in die Niederlande und nach Hamburg exportiert. Den trockenen *Jurançon*, der an den sonnigen Kalkhängen der Pyrenäenausläufer gedeiht, trinkt man als Aperitif oder zu Fisch. Seine liebliche Variante, der *Jurançon moelleux*, passt dagegen gut zu *pâté* oder *foie gras*. Berühmtheit erlangte der Jurançon als Taufwein der französischen Könige.

Im Roussillon werden der feine *Banyuls*, der kräftigere und fruchtigere *Banyuls grand cru* sowie der likörartige *Rivesaltes* gereicht. Von Perpignan bis zu den Pyrenäen erstreckt sich das Anbaugebiet der *Côtes du Haut Roussillon*. Ein guter Tropfen findet sich also in jedem Winkel der Pyrenäen.

Urlaub aktiv

Wandern

Vom einfachen Tagesausflug über mehrtägige Touren bis zu Klettern im Hochgebirge und Gletscherwanderungen – in den Pyrenäen ist alles möglich! Erfahrene Tourengeher schwärmen von dem Gebirge als dem besten Gebiet Europas überhaupt, das immer noch eher als Geheimtipp gilt.

Unter dem Namen **Grande Randonnée 10,** kurz GR 10, kennen Profis die Tour vom Atlantik zum Mittelmeer, für die 8 Wochen eingeplant werden müssen.

Tipp Die parallel zur GR 10 verlaufende **Haute Randonnée Pyrénéenne** (HRP) ist mit vielen Kletterpassagen wesentlich anspruchsvoller, dauert dafür aber nur 6 bis 7 Wochen.

Auf spanischer Seite bietet sich der weniger bekannte **Gran Recorrido 11** (GR 11) an, der mit der französischen GR 10 vergleichbar ist.

Bergsteiger schätzen besonders den Ordesa-Nationalpark, die Täler Ossau und Aspe und die Gegend um den Cirque de Gavarnie. Agenturen bieten Kurse mit Trockenübungen an Kletterwänden an, bevor es an die Berge geht.

In den Pyrenäen sind in der Regel nur die Fernwanderwege (s. o.) markiert. Wer eine Halbtages- oder Tageswanderung unternehmen möchte, kann sich jedoch in den Fremdenverkehrsämtern mit **Informationsmaterial** ausrüsten. Über den deutschen Buchhandel oder vor Ort erhält man für den französischen Teil des Gebirges sehr genaue **Wanderkarten** des IGN (Institut Géographique National). Auf der spanischen Seite empfehlen sich die Karten von Editorial Alpina (mit Begleitheft, das Infos zu Orten, Touren und Berghütten enthält, allerdings nur in spanischer Sprache).

In Deutsch sind mehrere **Wanderbücher** über die Pyrenäen erschienen. Außerdem stehen in vielen Orten erfahrene **Bergführer** zur Verfügung.

Bewirtschaftete **Berghütten** *(refuges, refugios),* bieten Übernachtungsmöglichkeiten (*Gîtes d'Etapes,* S. 26). Gutes Schuhwerk und eine der Tour angemessene **Ausrüstung** (etwa Regenkleidung, Trinkwasser, Proviant, Eispickel, Kompass und Krampen) dürften selbstverständlich sein. Die größte Gefahr liegt in der Selbstüberschätzung. Über mögliche Wetterstürze oder Eigenheiten der Gegend muss man sich unbedingt erkundigen.

Skifahren

Obwohl selbst die spanische Königsfamilie regelmäßig ihren Winterurlaub in den Pyrenäen verbringt, hat sich das Après-Ski-Remmidemmi hier noch nicht breit gemacht. Bezüglich Pistenlänge und Abfahrtsmöglichkeiten haben in den letzten Jahren zwar mehrere Skiorte aufgerüstet, doch findet man keine so langen Abfahrten und keine so riesigen Liftanlagen wie in den Alpen.

Dafür scheint häufiger die Sonne, locken stimmungsvolle, natürlich gewachsene Skiorte, und die Pisten bieten alle Schwierigkeitsgrade. In den großen Zentren sorgen Schneekanonen im Notfall für das begehrte Weiß.

Extremsportarten

Das Geschäft mit den so genannten Fun-Sportarten boomt. Die Wildnis zieht Abenteuerlustige an, und immer häufiger bilden nicht Blüten Farbkleckse im Grün oder an der kargen Felswand, sondern die grell leuchtenden Neoprenanzüge der Canyoning-Fans oder die Schirme der Paraglider. Auch Wassersportarten wie **Wildwasser-Rafting, Kajak-** und **Kanufahren** finden mehr und mehr Anhänger. Per Schlauchboot oder Hydrospeed, einem schwimmenden Bob nicht unähnlich, rasen sie im späten Frühjahr die reißenden Flüsse entlang. **Canyoning** ist die Kombination aus Wandern, Schwimmen durch reißende Gebirgsbäche und Abseilen in tiefe Schluchten.

Höhlenwanderungen, Ballonflüge und **Fallschirmspringen** vervollständigen das Programm. Zahlreiche Agenturen bieten die notwendige Ausrüstung.

Ausritte in die Bergwelt der Pyrenäen lohnen sich immer

Eher harmlos wirken dagegen die **Mountainbiker.** Doch gerade sie schädigen die Pflanzen- und Tierwelt. Ruhiger geht es für die **Reiter** in Eintags- oder Mehrtageausflügen durch die Landschaft.

 Natura Tour,
Av. Mercè Torrescasana, 13, E-08739 Puigdàlber,
☎ 🖷 938 98 90 02. Wandern, Ski, Extremsport in Katalonien.

Golf

In Frankreich und Spanien muss man nicht Mitglied eines Golfklubs sein, um auf dem grünen Rasen zu spielen. Die Preise sind moderater, wenn auch nichts für den schmalen Geldbeutel. Die schönsten Golfplätze liegen in Küstennähe. Pau rühmt sich, den ältesten Golfplatz auf dem Kontinent zu haben.

Thermalkuren

Die Pyrenäen besitzen ein ganz besonderes Geschenk der Natur: Thermalquellen. Schon die Römer schätzten die heilende Wirkung des schwefelhaltigen oder radioaktiven Wassers.

In Zeiten der Belle Époque suchten die Reichen Erholung im Gebirge. Und bis heute wird die heilende Kraft der Natur von vielen genutzt, um Rheuma und Atemwegserkrankungen zu kurieren.

Canyoning für Könner

Kajaktouren auf den reißenden Flüssen der Pyrenäen sind „in"

Unterkunft

Hotels

 In Frankreich werden die Hotels mit Sternen in vier (sowie 4-Sterne-Luxus) und in Spanien in fünf Kategorien unterteilt. Im Spanischen unterscheidet man außerdem zwischen *Hostal, Pensión* und *Fonda*. Dahinter verbergen sich dem deutschen Gasthof vergleichbare Unterkünfte, die aber ein breites Spektrum von angenehmen Hotels bis zur Absteige umfassen.

Das **Frühstück** ist weder in Frankreich noch in Spanien im Preis inbegriffen und fällt gewöhnlich relativ bescheiden aus. Frühstücksbuffets, wie sie in größeren Hotels inzwischen angeboten werden, sind letzten Endes ein Zugeständnis an den Tourismus und nicht landesüblich.

Reservierungen sind während der Sommerferien (Juli/August), an den Wochenenden und an Feiertagen zu empfehlen. Vor allem in der Umgebung der Nationalparks kann es dann schwierig sein, ohne Vorbestellung ein Zimmer zu bekommen.

 Hotelverzeichnisse verschicken in Frankreich die regionalen Verkehrsämter (Adressen bei den jeweiligen Ortsbeschreibungen), für Spanien und Andorra die nationalen Fremdenverkehrsämter (s. S. 93 bzw. S. 94).

Ein Reservierungsservice unter dem Namen **La Route des Pyrénées** organisiert individuelle Reisen durch die französischen Pyrenäen.

 Centrale de réservation – La Route des Pyrénées, B. P. 523, F-66005 Perpignan Cedex, ☎ 05 61 21 48 35, 🖷 05 61 21 48 36.

Logis de France heißt eine Vereinigung französischer Hoteliers, deren Häuser Schilder mit gelbem Kamin auf grünem Grund ankündigen. Es handelt sich dabei meistens um Familienbetriebe mit soliden Preisen und persönlicher Note. Der Jahreskatalog ist im Buchhandel zu erwerben (DM 28,80).

Formule 1 ist eine noch junge Kette, deren komplett standardisierte Häuser sich für die Anreise, nicht jedoch für längere Aufenthalte empfehlen. Die rot-weißen vollautomatisierten Hotelkästen liegen immer in Autobahnnähe oder in den riesigen Einkaufszentren außerhalb der Städte und zeichnen sich vor allem durch niedrige Preise aus.

 Der Katalog ist gratis über die Maison de la France (S. 91) oder unter ☎ 0 18 05 25 25 12 zu beziehen.

Die spanischen **Paradores** sind staatliche Luxushotels in historischen Gebäuden, die oft auch besonders reizvoll liegen. Der Standard ist gleichbleibend hoch. Vielfach gehört ein Restaurant mit sehr guter regionaler Küche dazu.

 Ibero-Hotel Reservierung, D-40210 Düsseldorf, Steinstr. 21, ☎ 02 11/8 64 15 20, 🖷 32 65 54.

Andorra verfügt über rund 250 Hotels sowie über zahlreiche kombinierte Hotel-Apartment-Anlagen. Die meisten Hotels befinden sich in der Hauptstadt und in der Nähe der Skigebiete.

Privatunterkünfte

Private Ferienwohnungen verschiedenster Kategorien in Frankreich vermittelt **Gîtes de France.** Oft müssen die Unterkünfte für mindestens eine Woche gemietet werden.

Das Schild **Chambres d'hôtes** macht auf Privatzimmer aufmerksam. Diese Übernachtungsart empfiehlt sich vor allem für Reisende, die der Landessprache mächtig sind und Kontakt mit den Einheimischen knüpfen wollen. Der

Zusatz **Table d'hôte** verweist auf die Möglichkeit von Halbpension.

Für Wanderer oder Radfahrer sind die **Gîtes d'Etape** gedacht, jugendherbergsartige Unterkünfte an den großen Fernwanderwegen.

 La Maison des Gîtes de France, 59, rue St-Lazare, F-75009 Paris,
☎ 01 49 70 75 75, 📠 01 42 81 28 53.

Turismo Rural, Wohnen auf dem Land in Gasthäusern, Landhäusern und Fincas ist in Spanien die rustikalste und billigste Art unterzukommen.

 Bei den örtlichen Verkehrsämter (s. Routenteil); in Katalonien auch über **Turisverd,**
Pl. Sant Josep Oriol, 4,
E-08002 Barcelona,
☎ 934 12 69 84,
📠 934 12 50 16.

Bei den **Ferme-auberges** in Frankreich liegt der Schwerpunkt zwar auf der Verpflegung, aber oft besteht die Möglichkeit, hier auch die Nacht zu verbringen.

Camping

Die Campingleidenschaft der Franzosen sowie der Spanier hat ein großes Netz von Campingplätzen aller Kategorien entstehen lassen. Wildes Camping ist in allen drei Pyrenäenstaaten verboten, doch lässt sich mitEinverständnis des Grundbesitzers manchmal eine Möglichkeit zum Aufstellen eines Zeltes finden. Eine französische Variante ist das Campen auf Bauernhöfen *(Camping à la Ferme),* worüber Gîtes de France informiert (Adresse s. o.).

Auch in Andorra sind in allen Landesteilen hervorragend ausgestattete Campingplätze vorhanden. Verzeichnisse mit Beschreibungen der Plätze sind beim ADAC oder in den Fremdenverkehrsämtern erhältlich.

Reisewege und Verkehrsmittel

 Touring (für den Europabus), Am Römerhof 17, D-60486 Frankfurt/ M., ☏ 0 69/7 90 30, 🖷 7 90 32 19.

Mit dem Flugzeug

Direktverbindungen von allen großen deutschen, österreichischen und Schweizer Flughäfen bestehen nach Bilbao, Barcelona, Bordeaux und Toulouse. Biarritz-Bayonne, Lourdes-Tarbes, Perpignan und Pau sind via Paris zu erreichen. Nach Girona werden günstige **Charterflüge** angeboten.

 Informationen über Direkt- und Inland-Flugverbindungen in den Büros von Air France und Iberia.

Mit der Bahn

Viele Zugverbindungen gehen über Paris. Mit dem TGV sind in wenigen Stunden Biarritz, Perpignan oder Toulouse erreicht. **Direktverbindungen** existieren zwischen Frankfurt/M. und Straßburg bis zur Mittelmeerküste. Der **Autoreisezug** nach Narbonne ist bequem, aber vergleichsweise teuer, frühzeitige Reservierung ist erforderlich.

Die französische Bahn SNCF organisiert zusammen mit AVIS die Übernahme eines Leihwagens bei der Ankunft am Zielbahnhof („train et auto").

 Infos über Ermäßigungen der spanischen Eisenbahnen (RENFE) an allen Bahnhöfen sowie in den DER-Reisebüros.

Mit dem Bus

Mit den **Europabussen** in Richtung Costa Brava kommt man billig nach Perpignan, Figueres oder Girona, mit Bussen in Richtung Portugal an die französisch-span. Grenze nach Irún. In den Pyrenäen muss man sich vor Ort über die **lokalen Buslinien** erkundigen.

Mit dem Auto

Vor Antritt der Reise sollte man sich einen Auslandsschutzbrief besorgen, damit Unfall und Diebstahl abgedeckt sind. Für Deutsche empfiehlt sich die Mitnahme der grünen Versicherungskarte. Auskünfte erteilen die Automobilklubs.

Autobahnen sind in Frankreich und Spanien gebührenpflichtig.

Autofahren in den Pyrenäen

Ein eigenes Auto oder ein Mietwagen sind ideal, um flexibel durch die Berge fahren zu können. Eine möglichst genaue Reiseplanung ist u. a. wegen der Nord-Süd-Ausrichtung der Pyrenäentäler wichtig.

Große **Nord-Süd-Verbindungen** sind der Somport-Pass, die Tunnel bei Bielsa, dem Col de Puymorens und Vielha. 1999 wurde dort ein neuer Tunnel eröffnet, der die Strecke zwischen Pau und Zaragoza erheblich verkürzt. Der Port d'Envalira führt nach Andorra.

Achtung: Einige Passstraßen sind bis weit in den Frühling wegen später Schneefälle gesperrt (Hinweisschilder).

Pannenhilfe kann auf Autobahnen über die Notrufsäulen angefordert werden, auf Landstraßen über den **Polizeinotruf:** Frankreich ☏ 17, Spanien ☏ 91, Andorra ☏ 1 10. Die AIT-Assistance steht in Frankreich rund um die Uhr bei Pannen zur Verfügung (☏ 05 08 92 22; auch auf Deutsch). Ganzjährig unterhält der ADAC einen deutschsprachigen Notrufdienst (☏ 04 72 17 12 22).

Die **Höchstgeschwindigkeit** beträgt auf Autobahnen in Frankreich 130 km/h, in Spanien 120 km/h, auf Landstraßen 90 km/h. Innerhalb geschlossener Ortschaften sind 50 km/h erlaubt.

** Pau

Seite 31

Very British am Fuß der Pyrenäen

Die ersten Touristen kamen auf Empfehlung in schottischen Arztes aus Großbritannien – im Winter. Die Einheimischen wussten den Zuspruch zu schätzen und bauten noble Unterkünfte und Sportanlagen: Außer einer Pferderennbahn wurde der erste Golfplatz auf dem Kontinent angelegt. Etwas älter ist der Boulevard des Pyrénées mit dem berühmten Panoramablick auf die Schneegipfel der Berge.

Heute ist die Heimat eines der beliebtesten französischen Könige, Heinrichs IV., Hauptstadt des Département Pyrénées–Atlantiques und hat rund 90 000 Einwohner. Nach wie vor besitzt Pau noch einen Hauch britischen Flairs und bildet eine reizvolle Mischung aus vornehmem Kurort und moderner Stadt. Arbeitsplätze bieten vor allem die Lebensmittel- und die chemische Industrie sowie die Lederbranche vor der Stadt. Die Studenten der 1972 gegründeten Universität sorgen für eine lebensfrohe Atmosphäre, und so ist hier immer etwas los, seien es Filmfestivals, Konzerte oder Sportveranstaltungen.

Geschichte

Angeblich geht der Name der Stadt auf das okzitanische Wort für Palisade zurück, was nahelegt, dass sich Pau aus einem befestigten Militärposten entwickelte. Tatsache ist, dass der Marktflecken bis ins 14. Jh. kaum Erwähnung fand. Erst als der berühmtberüchtigte Ritter Gaston Phoebus die Burg der Béarn-Grafen zum Schloss ausbaute, gewann das Städtchen langsam an Bedeutung. Nachdem die Herrscher des Béarn bereits Lescar, Morlaàs

Wiege der Könige

1553 erblickte im Schloss Heinrich von Navarra das Licht der Welt, der als **Heinrich IV.** Geschichte machte. Heute trifft man den König mit dem markanten Spitzbart und den kräftigen Lippen, „mit denen man lächeln, einen Wein abschmecken und küssen konnte" (Tucholsky), in Stein gemeißelt auf vielen Plätzen. 1763 wurde in Pau ein zweiter König geboren: **Jean Baptiste Bernadotte.** Zuerst Marschall Napoleons, dann dessen politischer Gegner, wurde er vom schwedischen König adoptiert. 1818 bestieg er als Karl IV. den Thron.

und Oloron-Sainte-Marie als Hauptstadt erprobt hatten, wählten sie 1464 Pau als Residenz. Später regierten von hier aus die Könige von Navarra.

Im 19. Jh. entdeckte die englische Highsociety Pau mit seinem milden Klima als Winterkurort. Parkanlagen wurden angelegt, repräsentative Bauten entstanden, ein Kasino eröffnete. Dem englischen Adel folgte der anderer Länder; die Stadt stand im Ruf eines „Sankt Moritz der Pyrenäen". Schon die Gebrüder Wright hatten in Pau eine Flugschule begründet; im Ersten Weltkrieg wurden hier die meisten französischen Kampfpiloten ausgebildet. Eine wichtige Einnahmequelle erschloss sich mit der Entdeckung von Erdgasfeldern in den 50er Jahren, die allerdings inzwischen fast erschöpft sind.

Einen Namen hat Pau sich auf dem Gebiet der Luftfahrtforschung gemacht; im Autosport ist es durch das Formel-2-Rennen (Pfingsten) ein Begriff. Im supermodernen *Palais des Sports* können über 8000 Besucher der Handballmannschaft der Stadt zujubeln. Zusammen mit der Konzerthalle *Le Zénith*, einem futuristischen Bau aus viel Glas und Metall, zeigt sich Pau also als Stadt des 21. Jhs., in der es viel Historisches zu sehen gibt.

*Le Château ❶

Offenbar wollte jeder der Könige, die im Schloss residierten, einen Beitrag zu dessen Verschönerung leisten. Und so präsentiert sich der mit Erkern, Giebeln, Zinnen und eckigen Türmen ausgestattete Bau heute als merkwürdig heterogenes Gebilde. Die ältesten Teile stammen aus dem 12. Jh., im 16. Jh. wurde die Anlage im Stil der Renaissance umgestaltet, und erst im 19. Jh. kam der Eingangsbereich hinzu.

Auch die **Innenausstattung** zeichnet sich durch ein Sammelsurium von Möbeln, Gemälden und Fayencen aus. Auf dem geführten Rundgang entdeckt man dann aber doch das eine oder andere kostbare oder zumindest historisch interessante Stück.

Im **Saal der hundert Gedecke** beeindruckt die enorm lange Tafel, in deren glänzender Oberfläche sich bei Festessen einst die Gesichter der Gäste spiegelten. Bildnisse Heinrichs IV. in allen Altersstufen vom Knaben bis zum reifen Mann, aus Marmor gehauen oder in Öl gefasst, begegnen den Besu-

Heinrich IV.

❶ Château (Schloss)
❷ Place Royale
❸ Casino
❹ Musée des Beaux-Arts
❺ Musée Bernadotte

Seite
31

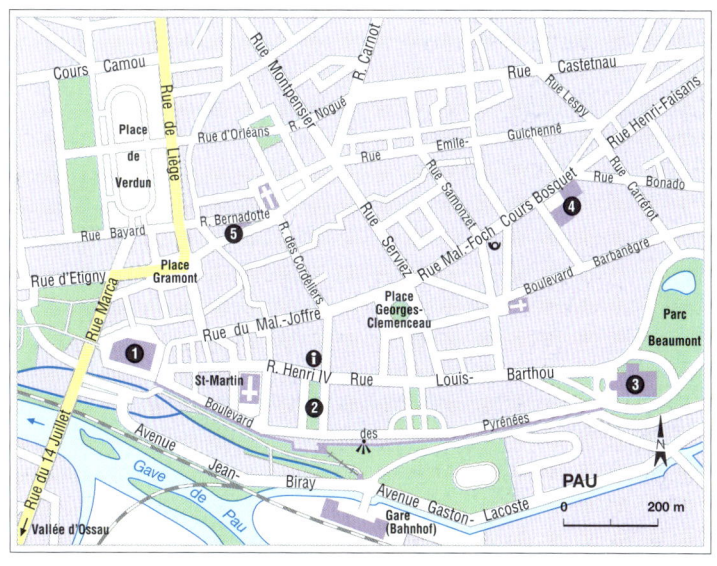

chern auf Schritt und Tritt. Auch das **Geburtszimmer** und den berühmten Schildkrötenpanzer, die Wiege Heinrichs, will natürlich jeder sehen. Im **Musée Béarnais** (3. Stock) geben Gegenstände aus dem Haus- und Arbeitsbereich Auskunft über die Lebensgewohnheiten von Heinrichs Untertanen (🕐 tgl. 9.30–11.45, 14–17.15 Uhr).

Seite
31

Entlang des **Boulevard des Pyrénées

Der Blick vom Boulevard des Pyrénées unterhalb des Schlosses ist wirklich schön. Eine Orientierungstafel benennt die majestätisch aufragenden Berggipfel. Den *Pic du Midi d'Ossau* (2884 m) erkennt man selbst ohne Erklärung an seiner markanten Silhouette.

Tipp Von einem der **Cafés** in den angrenzenden Häusern lässt sich die Aussicht in Ruhe genießen.

Auf der **Place Royale** ❷ mit ihrer schattigen Platanenallee darf der König natürlich nicht fehlen: In Stein gehauen blickt Heinrich IV. auf das repräsentative Rathaus. Auf der anderen Seite des Boulevard führt eine altertümliche Zahnradbahn, die **Funiculaire,** die wenigen Meter hinab zum Bahnhof.

Der König von Frankreich und Navarra

„Weder schwächlich noch kränklich" sollte der Sohn von Herzog Anton von Bourbon und seiner Gemahlin, der späteren Königin von Navarra, Jeanne d'Albret, werden, der 1553 im Schloss von Pau das Licht der Welt erblickte. Und so rieb sein Großvater die Lippen des Neugeborenen sogleich mit Knoblauch ein und gab ihm einen Schluck Wein. Dann wurde der Kleine in den berühmten Schildkrötenpanzer gelegt, der ihm als Wiege diente. Schwächlich wurde er wahrlich nicht: Heinrich machte sich als ausgesprochener Weiberheld und mutiger Kriegsherr einen Namen. 1562 wurde er König von Navarra. Jeanne d'Albret, eine glühende Protestantin, hatte die Hochzeit Heinrichs mit Margarete von Valois, der Schwester des französischen Thronerben und späteren Königs Heinrich III., geplant. Die Festlichkeiten anlässlich der Eheschließung 1572 gingen als „Pariser Bluthochzeit" bzw. Bartholomäusnacht in die Geschichte ein. Katharina von Medici, die Mutter der Braut, ließ wenige Tage nach der Trauung fünf- bis zehntausend Hugenotten, so genau weiß man das bis heute nicht, umbringen, um die Macht des protestantischen Adels zu brechen und die Stellung des Königshauses zu stabilisieren. Nach der hinterhältigen Ermordung seines Schwagers Heinrich III. im Jahr 1589 fiel Heinrich von Navarra der erbrechtliche Anspruch auf die französische Krone zu, den er allerdings erst durchsetzen musste. Nur durch den Übertritt zum Katholizismus 1593 stand der Krönung nichts mehr im Wege. Er nannte sich „König von Frankreich und Navarra" und versicherte seinen angestammten Untertanen, nicht „das Béarn an Frankreich, sondern Frankreich an das Béarn" zu geben. Und so lassen nicht nur die Béarnaiser bis heute nichts auf ihren „Henric" kommen. Mit seinem Edikt von Nantes gewährte er 1598 den Hugenotten Gewissens- und begrenzte Kultfreiheit sowie einen festen Rechtsstatus, womit er die Religionskriege beendete. Heinrich festigte den Frieden, förderte die Zentralisierung des Landes, entmachtete den Adel endgültig und sanierte die Staatsfinanzen. Seine liberale Staatsführung kostete ihn letztendlich das Leben. Von einem fanatischen Anhänger der Liga wurde der König am 14. Mai 1610 in Paris ermordet. Das Béarn wurde zehn Jahre später mit Frankreich vereinigt.

Die Flaniermeile endet schließlich am **Parc Beaumont** mit seltenen Baumarten und einem kleinen See. Die verblassende Eleganz des **Casino ❸** wurde erst kürzlich aufpoliert. Abends treffen sich die Gäste zum Roulette und Black-Jack und es kommt wieder etwas von der mondänen Atmosphäre von einst auf. Tagsüber beherrschen dagegen die einarmigen Banditen das Haus.

Seite 31

Das Schloss von Pau: Stilmix aus mehreren Jahrhunderten

Duo der Museen

Einen Besuch lohnt das **Musée des Beaux-Arts ❹**. Die auf sympathische Weise angestaubte Sammlung umfasst neben Gemälden und Skulpturen meist nicht sonderlich talentierter Meister einige bedeutende Stücke. Stolz ist man auf Degas' „Im Baumwollbüro von New Orleans" (◯ Mo, Mi–So 10–12, 14–18 Uhr; u. a. Wechselausstellungen).

Wer mehr über das Leben des Marschalls und späteren schwedischen Königs Bernadotte erfahren möchte, geht über die *Rue des Cordeliers,* eine der schicken Einkaufsstraßen von Pau, in das **Musée Bernadotte ❺**. In seinem Geburtshaus, einem an der schwedischen Flagge erkennbaren Fachwerkbau, geben Stiche und Porträts einen Eindruck von dem berühmten Feldherrn (◯ Di–So 10–12, 14–18 Uhr).

Das Schloss besitzt eine der wertvollsten Tapisserie-Sammlungen in ganz Frankreich

Praktische Hinweise

 Place Royale, F-64000 Pau,
☏ 05 59 27 27 08,
🖷 05 59 27 03 21.
✈ 12 km nordöstlich des Zentrums;
☏ 05 59 33 21 29. Flüge nach Paris (4 x tgl.), Lyon, Marseille, Nantes, Biarritz, Nizza und Madrid.
🚆 Mehrmals täglich Züge an die Küste (Bayonne); Toulouse, Paris (TGV, 5 Std.).
🚌 Busse nach Oloron-Saint-Marie und von dort weiter nach Spanien.

 Hôtel Commerce,
9, rue Maréchal-Joffre,
☏ 05 59 27 24 40,
🖷 05 59 83 81 74. Zentral gelegen,

Aussichtsterrasse: Boulevard des Pyrénées

geschmackvoll eingerichtet. Im Sommer speist man im Innenhof. ⑤
Hôtel Montpensier, 36, rue Montpensier, ☎ 05 59 27 42 72, 🖶 05 59 27 70 95. Innerhalb der gehobenen Klasse noch vergleichsweise günstig. Große Bäder, TV und Minibar gehören zur Grundausstattung. ⑤
Hôtel Le Béarn, 5, rue Maréchal-Joffre, ☎ 05 59 27 52 50. Einfach, sauber und zentral gelegen. ⑤

Chez Pierre, 16, rue L.-Barthou, ☎ 05 59 27 76 86. Topadresse der Stadt, nobel. Spezialitäten: Entenleber in Vinaigrette aus Madiranwein, Seebarsch auf kleinen Kürbissen, Tauben auf Kohl. ⑤
Auberge du Hédas, 1, rue du Hédas, ☎ 05 59 98 43 77. Rustikales Ambiente, Spezialitäten der Region. ⑤
Les Pyrénées, 9, pl. Royale. Preisgünstige Tagesmenüs. Im Sommer wird unter Platanen serviert. ⑤
Le Berry, 4, rue Gachet, ☎ 05 59 27 42 95. Brasserie, ideal für den kleinen Hunger. ⑤

Ausflüge in die Umgebung

Morlaàs

Zwei romanische Kirchen mit reich skulptierten Fassaden überraschen in der Umgebung von Pau. In Morlaàs (8 km nordwestl.) zieren Flachreliefs mit den lebensgroßen Figuren der zwölf Apostel die Gewände der Kirche *Sainte-Foy. Auf den Bogenläufen darüber hocken die 24 Ältesten, die ihre Musikinstrumente präsentieren.

Oloron-Sainte-Marie

Ein buntes Treiben herrscht auch am Portal der Kirche *Sainte-Marie in Oloron-Sainte-Marie (34 km südwestl.). Wieder thronen die 24 Ältesten über dem zentralen Bogenfeld. Darunter sind mehrere Männer damit beschäftigt, Käse herbeizurollen, ein Wildschwein zu erlegen und riesige Fische zum Verzehr vorzubereiten.

Die zweite Kirche in Oloron, **Sainte-Croix,** zeigt eine der wenigen Vierungskuppeln nach arabischem Vorbild in Frankreich mit kunstvoll gekreuzten Rippen. Windschiefe Fachwerkhäuser gegenüber der Kirche erinnern daran, dass sich hier der älteste Teil der Stadt befindet.

Hôtel Chilo, F-64130 Barcus, ☎ 05 59 28 90 79, 🖶 05 59 28 93 10. 15 km westlich, mitten in den Bergen, typisch baskisches Haus mit exzellenter Küche, Hallenbad, Garten. ⑤

Im Zentrum der Herstellung von **Baskenmützen** gibt es zwei Farbriken im Ort.

Tipp Für Liebhaber der extremen Sportarten: Das **Centre Nautique de Soeix** (☎ 05 59 39 61 00, 🖶 05 59 39 65 16) bietet Wildwasserfahrten durch die Schluchten von Aspe und Oloron auf verschiedenen Bootstypen und Flößen an.

Vallée d'Ossau

Unbedingt empfehlenswert ist ein Ausflug ins Vallée d'Ossau (von Pau bis Gabas ca. 50 km). **Arudy** nahm dank des Marmorsteinbruchs immer eine herausragende Stellung im Tal ein. Im *Maison d'Ossau* neben der Kirche informiert eine Ausstellung über die Geschichte der Pyrenäen, über die Geologie, Flora und Fauna (🕐 Juli, Aug. tgl. 10-12, 15 18 Uhr). In **Bielle** stehen noch ein paar schöne Häuser aus dem 16. und 17.Jh. **Laruns** und **Gabas** sind Zentren der Käseherstellung. Überall im Ossau-Tal kann man den leckeren Schafskäse auf Höfen und in kleinen Läden kaufen. Von Gabas, dem letzten Bergdorf vor der spanischen Grenze, bietet sich ein kurzer Abstecher zum **Lac de Bious-Artigues** an, wo der *Pic du Midi d'Ossau* das unvergessliche Panorama dominiert.

**Pamplona (Iruña)

Stadt der Sanfermines

Musste wirklich erst ein Amerikaner dieser Stadt zu Berühmtheit verhelfen? Ernest Hemingway kam, sah und schrieb seinen Roman „Fiesta", mit dem er Pamplona in das Bewusstsein zumindest der literarisch interessierten Weltöffentlichkeit katapultierte. Das von dem Schriftsteller beschriebene Volksfest, die Sanfermines, wurde in der Folgezeit zur Touristenattraktion Nummer eins.

Für den Rest des Jahres ist Pamplona, baskisch Iruña (200 000 Einw.), die sympathische, etwas provinziell wirkende Hauptstadt der Autonomen Gemeinschaft Navarra mit Universitäten und Bischofssitz. Die Parkanlagen der Stadt werden an den Wochenenden mit Vorliebe von Familien und Jugendlichen als Treffpunkt und Picknickplatz genutzt. In all die Beschaulichkeit des konservativen Klimas mischen sich aber auch andere Töne. Plakate und bunte Graffiti zeugen von Spannungen und Konflikten, schließlich erheben die baskischen Nationalisten Anspruch auf die Stadt. Unversehens kann man in eine der Kundgebungen für oder gegen die ETA (S. 13) hineingeraten, gegen die die spanische Polizei oftmals mit äußerster Härte vorgeht. Auch das ist Pamplona.

Geschichte

Mit der römischen Siedlung *Pompaelo* beginnt die Geschichte der Stadt um das Jahr 76 v. Chr. Besser informiert sind wir ab der Zeit Karls des Großen, den ein Feldzug im Jahr 778 u. a. nach Pamplona führte. Um sich den Rückzug zu sichern und die Bewohner zu stra-

Pamplonas Rathaus wird bei Festen mit Flaggen geschmückt

Das traditionsreiche Café Iruña: Hemingways Lieblingscafé

Prozession zu Ehren des hl. Fermín

Seite 37

fen, die ihm ihre Unterstützung verweigert hatten, ließ Karl 778 die Stadtmauern schleifen. Die Rache der Basken traf Karls Nachhut bei Roncesvalles (S. 78). Im 10. Jh. stieg Pamplona zur ersten Hauptstadt des Königreichs Navarra auf. Ferdinand der Katholische schloss es 1512 Kastilien an.

Ihre wirtschaftliche und kulturelle Blüte verdankt die Stadt der Lage in der Nähe der beiden wichtigsten Pyrenäenübergänge: Ibañeta- und Somport-Pass. Santiago-Pilger aus ganz Europa kamen an den Río Arga, wo vom 11. bis 13. Jh. mehrere Hospitäler, Herbergen und Kirchen entstanden. König Karl III. kümmerte sich Ende des 14. Jhs. intensiv um den Ausbau der Hauptstadt seines Reichs und trieb die Errichtung der Kathedrale voran. Philipp II. setzte mit der sternförmigen Zitadelle im 16. Jh. ein sichtbares Zeichen im Gesamtplan.

Im 19. Jh. war Pamplona das Zentrum der Karlisten, der Anhänger des Kronprätendenten Karl, der in einem mehrjährigen Bürgerkrieg gegen Isabella I. antrat. 1952 wurde in Pamplona die Privatuniversität von Navarra gegründet. Finanziert wird die Elite-Hochschule von Opus Dei (s. S. 12). Rund um die Metropole haben sich in den letzten Jahren vermehrt Industriebetriebe wie Papier-, Nahrungsmittelindustrie u. ä. angesiedelt.

Rund um den Paseo de Sarasate

Allabendlich und vor allem an den Wochenenden geht es auf dem **Paseo de Sarasate,** der Flaniermeile südwestlich der eigentlichen Altstadt, hoch her. Vom Kleinkind bis zum Greis – alle haben sich für diese Stunden herausgeputzt. Man plaudert, liest Zeitung, frisch Verliebte schlendern Händchen haltend den Paseo entlang.

 Ziel der jüngeren Flaneure ist das Kneipenviertel hinter der Kirche *San Nicolás* ❶ (13. Jh.). In der gleichnamigen Straße sowie in der **Calle San Gregorio** reiht sich eine Bar an die andere. Ein *tinto*, ein Glas Rotwein, oder eine *caña*, ein frisch gezapftes Bier, gehören zum abendlichen Bummel durch die Altstadt.

Der neoklassizistische **Palacio de Navarra** ❷ ist Sitz der Regierung der Autonomen Region Navarra. Rund um die Uhr patrouillieren bewaffnete Männer mit roten Baskenmützen unter den Fahnen Spaniens, Navarras, der EU und des Baskenlandes; die Angst vor Anschlägen der ETA ist groß.

Im Herzen der Stadt

Die *Plaza del Castillo ist das Herz der Stadt und der wichtigste Treffpunkt Pamplonas für Alt und Jung. Der von ehrwürdigen Fassaden umgebene Platz geht ins 16. Jh. zurück. Ein kleiner Musikpavillon, Schatten spendende Bäume und vor allem die zahlreichen Caféterrassen unter den Laubengängen machen sein besonderes Ambiente aus.

Tipp! **Für Hemingway-Fans:** Der Literat pflegte mit seinen Freunden im **Café Iruña** ein Glas oder auch mehrere zu trinken und dabei über den letzten Stierkampf oder sein Anglerglück am Irati-Fluss zu diskutieren.

Stilechte Mitbringsel

Neben dem Ayuntamiento sollte man eines der vermutlich letzten traditionellen Boina-Geschäfte besuchen: Bei **Francisco Aznares** (C. Zapatería 21, ☎ 948 22 54 94) gibt es noch echte **Baskenmützen** zu kaufen. In allen Größen und Farben werden die traditionellen Kopfbedeckungen hier von Hand und auf Wunsch auch nach individuellen Maßen angefertigt.

Als Souvenir käme auch eine **Pamplónica,** eine Knoblauchwurst, wie sie zu Hunderten von der Hauswand eines Delikatessengeschäfts schräg gegenüber hängen, in Frage.

Ein paar Schritte weiter befindet sich die **Plaza de Toros.** Bis zu 19 000 Menschen können in dieser zweitgrößten Stierkampfarena Spaniens einer Corrida beiwohnen. An seinem Lieblingsort haben die Pamploneser Ernest Hemingway ein Denkmal gesetzt.

Seite
37

*Ayuntamiento ❸

Die von Geschäften gesäumte *Calle Chapitela* führt von der Plaza del Castillo zum barocken Rathaus. Säulen dorischer, ionischer und korinthischer Ordnung gliedern die Fassade. Auf dem Giebel bewachen zwei Löwen, flankiert von großen Herkulesfiguren, die Wappen Pamplonas und Navarras. Eine Personifikation der Fama, des Ruhms, bläst die Posaune.

*Das Herz der Stadt:
die Plaza del Castillo*

❶ San Nicolás
❷ Palacio de Navarra
❸ Ayuntamiento
❹ Museo de Navarra
❺ Catedral
❻ Aussichtsplattform
   Stadtmauer
❼ Puerta de Francia

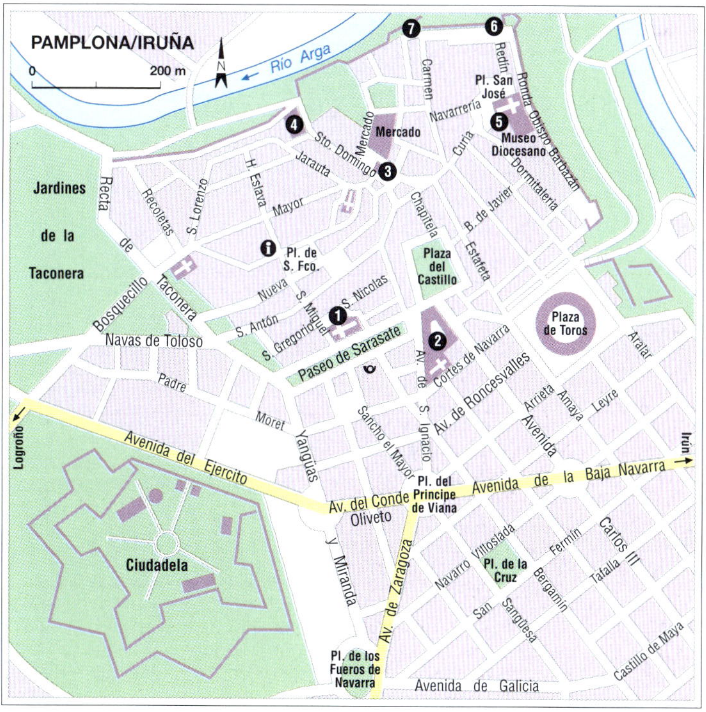

Tipp Das reiche Angebot der kulinarischen Spezialitäten Navar-

PAMPLONA/IRUÑA

0   200 m   N   Río Arga

Jardines
de la
Taconera

Carmen
Navarrería
Pl. San José
Redín
Ronda Obispo Barbazán

❼   ❻

❹   Sto. Domingo   Mercado   Curia
Mercado
Museo Diocesano ❺
Dormitalería

H. Estafa   Jarauta   ❸
Recta   Recoletas   S. Lorenzo   Mayor   Chapitela   B. de Javier

de   Taconera
Bosquecillo
ℹ Pl. de S. Fco.
Nueva   S. Gregorio   S. Nicolás
Plaza del Castillo
Estafeta

Navas de Toloso
S. Antón   S. Miguel   ❶
❷
Paseo de Sarasate
Av. de Cortes de Navarra

Plaza de Toros
Aralar

Padre
Moret
Yanguas
Sancho el Mayor
Av. de Roncesvalles
Arrieta   Amaya   Leyre
Avenida
Irún

Logroño
Avenida del Ejercito
y. Miranda
Av. de Zaragoza
Pl. del Príncipe de Viana
Av. del Conde Oliveto
Avenida de la Baja Navarra

Ciudadela

Navarro Villoslada
Pl. de la Cruz
Fermín
Bergamín
Carlos III
Talalla
Castillo de Maya

Pl. de los Fueros de Navarra
San   Sangüesa
Avenida de Galicia

ras wird in den Hallen des **Mercado Santo Domingo** ausgebreitet. Je nach Saison gibt es hier den berühmten Spargel, Artischocken, eingelegte Paprika, Pilze, Schinken, Käse, Knoblauch und vieles mehr.

Seite 37

*Museo de Navarra ❹

Die Exponate des Museums repräsentieren die Zeitspanne von der Vorgeschichte bis zur Moderne; internationalen Rang besitzt die Sammlung romanischer Kunst. Hervorzuheben sind beispielsweise die Kapitelle des Kreuzgangs der Kathedrale Pamplonas. In feinster Steinmetztechnik ausgeführt, illustrieren sie Szenen des Alten und Neuen Testaments wie z. B. das Leben Hiobs. In ihrer Farbigkeit und Aussagekraft beeindruckend sind außerdem die romanischen Fresken, die aus entlegenen Kirchen der Region stammen und aus konservatorischen Gründen von den Wänden abgelöst und hierher gebracht wurden (Di–Sa 10–14, 17–19, Do bis 21, So/Fei 11 bis 14 Uhr).

Sanfermines oder „Tod am Nachmittag"

„Iruñarrak, gora Fermín santuak – Pamploneser, es lebe San Fermín!" – ruft der Bürgermeister von Pamplona alljährlich am 6. Juli um 12 Uhr mittags auf Baskisch aus. Dann knallt die Eröffnungsrakete und die Feiern können beginnen. Achteinhalb Tage und Nächte lang verwandelt der Taumel der Sanfermines Gesicht und Lebensrhythmus der Stadt. Es wird gefeiert bis zur fröhlichen Ohnmacht. Doch das grandiose Spektakel verläuft, wenn auch für Fremde nicht sofort erkennbar, nach einem festen Plan.

Der *Encierro,* das Stiertreiben, ist weit über die Grenzen Spaniens hinaus berühmt und wird von zahlreichen Fernsehanstalten übertragen. Jeden Morgen um 8 Uhr öffnen sich die Tore der Ställe und eine Horde von Kampfstieren rast durch die engen Altstadtgassen. Vor ihnen her rennen junge Männer, und inzwischen selbstverständlich auch einige Frauen, die für diesen kurzen Augenblick öffentlicher Aufmerksamkeit Blessuren, Knochenbrüche und manchmal sogar ihr Leben riskieren.

Hölzerne Absperrungen entlang der Strecke bieten den Zuschauern Schutz und den Gejagten die Möglichkeit, sich oftmals in letzter Sekunde durch einen Sprung vor den Hörnern der Tiere zu retten. Blitzschnell ist das Spektakel vorüber, denn für die insgesamt 850 m von den Ställen bis zur Plaza de Toros benötigen die Tiere nur zweieinhalb Minuten. Und natürlich überträgt das Fernsehen die rasantesten Passagen.

Dem *Encierro* folgen die Prozessionen, denn schließlich findet die Fiesta zu Ehren des hl. Fermín, des ersten Bischofs von Pamplona, statt. Dabei werden die *Gigantes,* über 2 m hohe Figuren, die meistens ein christliches und ein maurisches Herrscherpaar repräsentieren, und die *Cabezudos,* riesige Köpfe, die die Mächtigen der Lokalpolitik darstellen, herumgetragen.

Höhepunkt eines jeden Festtages ist der Stierkampf um 18 Uhr. Doch gleichen die ansonsten mit allem Ernst ausgetragenen Stierkämpfe während der Sanfermines eher einem recht derben Volksfest. Dabei fliegen auch mal Tortillastücke, Sitzkissen und Knoblauchknollen in die Arena. So mancher Matador hat sich schon geweigert, vor so einem undisziplinierten Publikum aufzutreten. Genützt haben solche Proteste allerdings nichts, schließlich genossen schon im 14. Jh. die Besucher der Sanfermines so etwas wie Immunität. Während des Ausnahmezustandes wird allgemeine Nachsicht geübt, und wer sich nicht in den Trubel stürzt, dem ist sowieso nicht zu helfen!

Ein Gang durch die Straßen der Altstadt mit ihren hohen Häuserfassaden führt vorbei an **Antiquitätengeschäften,** deren verstaubte Auslagen keine großen Entdeckungen, aber so manche Kuriosität versprechen.

Catedral ❺

Das Gotteshaus, das nach französischen Vorbildern geschaffen wurde, ist erst 1994 nach jahrelanger Restaurierung wieder eröffnet worden. Ventura Rodriguez, als Schöpfer zahlreicher Gebäude Madrids bekannt, hat im 18. Jh. das Bild der gotischen Kathedrale durch eine gewaltige **klassizistische Fassade** wesentlich verändert.

Vom romanischen Vorgängerbau ist bis auf einige Skulpturen der Fassade und des Kreuzgangs, die ins Museum gebracht wurden, nichts erhalten. 1390 stürzte der Chor ein, worauf ein Neubau beschlossen wurde. Die Arbeiten zogen sich über hundert Jahre hin, sodass der Hochchor erst 1530 eingewölbt werden konnte. Von der **barocken Innenausstattung** hebt sich die romanische Muttergottes auf dem Hochaltar ab. Vor ihr wurden die Könige Navarras gekrönt. Das Alabastergrab König Karls III. und seiner Gemahlin schuf ein flämischer Meister im 15. Jh. Ein prächtiges Portal mit einer Darstellung des Marientods im Tympanon führt in den gotischen **Kreuzgang,** der durch sein filigranes Maßwerk besticht.

Im angeschlossenen **Museo Diocesano** sind kostbare Goldschmiedearbeiten, Skulpturen sowie ein Evangelienbuch aus dem 13. Jh. zu bewundern (🕐 Mo bis Fr 10.30–13.30, 16–18, Sa 10.30 bis 13.30 Uhr).

Festungsanlagen

Durch die schmale *Calle Redín* gelangt man hinauf zu den Festungsanlagen *(Baluarte del Redín),* die teilweise bereits unter Kaiser Karl V. entstanden.

Hemingway und Pamplona

Der berühmte amerikanische Schriftsteller nahm als Berichterstatter auf Seiten der Republikaner am Spanischen Bürgerkrieg teil und feierte die Sanfermines insgesamt neun Mal mit. In seinem Roman „Fiesta" (1926) beschrieb er den Aufenthalt einer Gruppe junger Amerikaner in Pamplona zur Zeit des Festes. Dem spanischen Stierkampf widmete er unter dem Titel „Tod am Nachmittag" 1932 eine Erzählung.

Seite
37

Los Gigantes, die Riesen, gehören zu jedem spanischen Volksfest

Schöne Jugendstilapotheke in der Altstadt

Von der **Aussichtsplattform ⑥** auf dem Stadtmauerring reicht der Blick über den Río Arga und die Viertel des modernen Pamplona hinweg bis zu den Gipfeln der Pyrenäen.

Etwas unterhalb ist die **Puerta de Francia ⑦** zu sehen, durch die die Jakobspilger in die Stadt einzogen. Der Weg der Wallfahrer durch jede größere Stadt war genau vorgegeben, denn mit den Gläubigen kam auch allerlei Gesindel. Deshalb waren die Stadtväter gewöhnlich daran interessiert, die Pilger auf dem schnellsten Weg wieder loszuwerden.

Von den Festungsanlagen bietet sich ein Spaziergang über den Mauerring, die **Ronda Obispo Barbazán**, vorbei am Erzbischöflichen Palais, bis zur Stierkampfarena an. Erst der Blick auf die Rückfront der Kathedrale von hier verdeutlicht der enormen Ausmaße des Sakralbaus. Die Ruhe abseits des Straßenlärms tut gut. Ausblicke auf die Pyrenäen machen diesen Weg überaus reizvoll.

Praktische Hinweise

Calle Hilarion Eslava, 1, E-31002 Pamplona, ☎ 948 20 70 34, 🖷 948 20 65 40.

✈ Aeropuerto de Noáin, nationaler Flughafen (Madrid, Barcelona, Santander).

🚌 🚐 Verbindungen in alle größeren spanischen Städte.

Tres Reyes, Jardines de la Taconera s/n, ☎ 948 22 66 00, 🖷 948 22 29 30.
Großes modernes Haus mit ebenso zeitgemäßer Ausstattung, günstig gelegen. Swimmingpool. ⑤⑤⑤
Blanca de Navarra, Av. Pio XII, 43, ☎ 948 17 10 10, 🖷 948 17 54 14. Modernes Großhotel am Rande der Stadt. Es empfiehlt sich für all jene, die nur einen Kurzaufenthalt planen. ⑤⑤
Maisonnave, Nueva, 20, ☎ 948 22 26 00, 🖷 948 22 01 06. Laut Hotelannalen sind Berühmtheiten wie Ava Gardner in dem Traditionshaus abgestiegen. ⑤
La Perla, Pl. del Castillo, 1, ☎ 948 22 77 06. Sehr einfach, aber aufgrund der günstigen Preise und der optimalen Lage Reisenden mit niedrigem Budget zu empfehlen. ⑤

Josetxo, Prínc. de Viana, 1, ☎ 948 22 20 97. Elegantes Haus mit exquisiter baskischer Küche. ⑤⑤⑤
El Hartza, Juan de Labrit, 19, ☎ 948 22 45 68. Gemütlich-familiäres Ambiente, navarres. Spezialitäten. ⑤
La Tinaja, Calle Arrieta. Direkt an der Arena, jüngeres Publikum. ⑤

Ausflüge in die Umgebung

Rund 50 km östlich von Pamplona münden Salazar- und Roncal-Tal in das Valle del Aragón ein. In diesem Gebiet leben die meisten Greifvögel Europas. Steile, unzugängliche Schluchten in einer nur dünn besiedelten Gegend bieten den großen Tieren optimale Lebensbedingungen. Naturschutzverbände sorgen außerdem dafür, dass sie auch an entlegenen Orten genügend Fleisch an ihren Futterstellen finden. Ungefähr zwei Stunden vor Sonnenaufgang sind die Vögel am aktivsten und daher am besten zu beobachten (s. S. 10).

Die **Hoz de Arbayún** im Salazar-Tal ist mit 385 m Tiefe und 6 km Länge die größte Schlucht Navarras. Etwa 12 km nordöstlich von *Lumbier* genießt man von der Aussichtsplattform einen grandiosen Rundblick. Mit dem Fernglas kann man die Horste der Geier beobachten. Im *Roncal-Tal ragen imposante Steilwände beiderseits des Río Esca empor. Hier sollte man in einem der rustikalen Gasthäuser den Roncal-Schafskäse, Wildschwein oder Forelle probieren. Ein weiterer fantastischer Blick auf die Hochgebirgsgipfel öffnet sich von der **Boca del Infierno,** dem „Höllenschlund", nördlich des Dorfes Hecho aus.

Route 1

Klöster vor erhabener Naturkulisse

Von ** Perpignan nach Font-Romeu (156 km)

Der Palast der Könige von Mallorca in Perpignan

Vom sonnenverwöhnten Perpignan aus führt diese Route in die ehemalige Grafschaft Conflent und ins gewaltige Hochtal der Cerdagne. Das einst wilde Grenzland zwischen Frankreich und Spanien wurde heute ein von Urlaubern aus beiden Ländern bevorzugtes Skigebiet. Südlich von Perpignan und noch im Pyrenäenvorland begeistern romanische Kirchen und Klöster. Nicht nur die Kühnheit der Baumeister und die Fantasie der Bildhauer beeindrucken, sondern auch die Lage der Bauten inmitten einer grandiosen Bergwelt. Um die Schönheiten von Natur und Kunst genießen zu können, sollte man mindestens drei bis vier Tage einplanen.

** Perpignan

Mit südländischem Charme schlägt Perpignan (157 700 Einw.) die Besucher sofort in Bann. Den besonderen Reiz macht sicher die Verschmelzung französischer, spanischer, katalanischer sowie arabischer Kultur aus. Bis auf die Mittagsstunden, denn die Siesta ist hier heilig, pulsiert zu jeder Tages- und Nachtzeit das Leben.

Im südländisch wirkenden Perpignan sind die Nächte lang

Außer geschichtsträchtigen Monumenten bietet Perpignan eine reiche Auswahl an Hotels, netten Restaurants und Cafés. Ein weiterer Vorzug: Das Meer und ebenso die Berge sind schnell zu erreichen.

Abendstimmung in Vernet-les-Bains

Eine Blütezeit erlebte Perpignan zwischen 1273 und 1344 als zweite Hauptstadt des Königreichs Mallorca. Dieses umfasste außer der Baleareninsel die Cerdagne, das Roussillon und Montpellier. Damit benötigte König Jakob II. neben der Inselhauptstadt auf Mallorca eine weitere Kapitale auf dem Festland. Damals erfuhren Handel und Handwerk einen großen Aufschwung. In den folgenden Jahrhunderten wechselte Perpignan mehrmals die Besitzer.

Heute bezieht die geschäftige Hauptstadt des Département Pyrénées-Orientales ihr Haupteinkommen aus dem Obst-, Gemüse- und Weinhandel sowie dem Tourismus.

Durch die Altstadt

Beginnen Sie einen Bummel durch die Altstadt am markantesten Wahrzeichen Perpignans, der Turmburg **Castillet**, die sogar als Gefängnis gnutzt wurde. Das befestigte Stadttor geht zum Teil auf das 14. Jh. zurück. Die inzwischen im Castillet untergebrachte **Casa Païral** informiert auf anschauliche Weise über Geschichte und Brauchtum des Roussillon (◷ tgl. außer Di 9–18 Uhr).

Tipp Stets bevölkerte **Cafés** laden beim Castillet zu einer ausgiebigen Pause ein, doch auch die **Place de la Loge** ist nicht weit. Hier trifft man sich, sieht und will gesehen werden.

Confrérie de la Sanch

Die Mitglieder dieser 1416 gegründeten Bruderschaft, die einst zum Tode Verurteilte auf ihrem letzten Gang unterstützte, tragen das Kruzifix aus der Kirche Saint-Jean-le-Vieux alljährlich am Karfreitag durch die Straßen der Altstadt. Monotoner Gesang, Glockenklang und dumpfes Trommeln begleiten die Prozession der in bodenlange Kutten mit Kapuzen gehüllten Büßer. Und für wenige Stunden fühlt man sich ins Mittelalter versetzt.

Die *Loge de Mer erinnert als ehemaliger Sitz der Börse und des Seegerichts an die Zeiten, als Perpignan zu den führenden Seehandelsstädten zählte. Heute ist das gotische Architekturdenkmal in der Hand einer Hamburgerkette amerikanischen Stils. Lediglich das Schiffsmodell auf dem Dach verweist auf seine einstige Bestimmung.

Im 14. Jh. gab der König von Mallorca die Errichtung der *Kathedrale Saint-Jean in Auftrag, doch erlaubten politische Auseinandersetzungen erst 1433 die Wiederaufnahme der Arbeiten. Zwar baute man statt der geplanten drei Kirchenschiffe nur eines, aber dennoch entstand ein beachtliches Werk katalanischer Gotik. Die schlichte Fassade lässt den enormen Innenraum von 50 m Länge nicht erahnen. Das Zentrum des Chors nimmt der 1618 begonnene Hochaltar mit großen Marmorreliefs ein. Dem genialen Baumeister Guillem Sagrera wird u. a. der Kapitelsaal zugeschrieben. Seine elegant geschwungenen Gewölberippen laufen in einem einzigen Pfeiler zusammen.

Neben der Kathedrale steht **St-Jean-le-Vieux** (1025) mit einem romanischen Figurenportal. In dieser ältesten Pfarrkirche Perpignans wird ein Kruzifix aus dem 14. Jh. aufbewahrt, das im religiösen Leben der Stadt eine große Rolle spielt (s. Confrérie de la Sanch).

Der größte historische Gebäudekomplex ist das **Palais des Rois de Majorque**. Mit diesem Palast, den Jakob II. 1276 in Auftrag gab, wollte sich der König von Mallorca auf dem Festland angemessen repräsentiert wissen. Heute steht man zuerst vor einer riesigen Festungsanlage. Ihre gewaltigen Mauern und die Triumphpforte kamen erst im 15. bis 17. Jh. hinzu, als es galt, das Roussillon zu verteidigen.

Der größte der drei *Innenhöfe* öffnet sich mit einer zweistöckigen Arkadengalerie, hinter der sich eine *Doppelkirche* verbirgt. In der Unterkirche blieben Reste der originalen Ausmalung erhalten. Dagegen bedarf es einiger Fantasie,

1

Seite 45

Meisterwerke der Romanik

Südlich von Perpignan liegen gleich mehrere Kleinode romanischer Kunst dicht beieinander. **＊Elne** (6300 Einw.) ist heute nur ein Agrarstädtchen unter vielen, doch über 1000 Jahre lang war es die einzige Bischofsstadt im Roussillon. Davon zeugt die Kathedrale, die mit ihren zinnenbewehrten Türmen den höchsten Punkt der auf einem Hügel angelegten Altstadt markiert. Vom 11. Jh. bis weit in die Zeit der Gotik hinein wurde an der Kirche gebaut, deren Hauptattraktion der hervorragend erhaltene romanische Kreuzgang ausmacht. Ein gewisser Meister Raimund von Bianya ließ eine komplexe Welt aus Mischwesen, Kriegern, Sirenen und Heiligen erstehen. Kurioser Bestandteil der Kirchenausstattung ist ein Kreuz aus dem 17. Jh., auf dem die Leidenswerkzeuge Christi, also Hammer, Nägel und Lanze, plastisch dargestellt sind.

In den dicht beieinander liegenden Orten **Saint-Génis-des-Fontaines** und **Saint-André-de-Sorrède** sind zwei Türstürze zu bewundern, die in keinem Buch über romanische Skulptur fehlen. Sie sind anhand einer Inschrift genau ins Jahr 1020 zu datieren. Damit gehören sie zu den ältesten Skulpturen des Mittelalters, nachdem diese Kunstgattung während der Wirren in den sog. dunklen Jahrhunderten zuvor nahezu in Vergessenheit geraten war. Starren Blickes schauen die scharf umrissenen Figuren Christi und seiner sechs Begleiter von dem Relief in Saint-Génis. Engel tragen den riesigen Heiligenschein, der den Gottessohn umgibt.

Die Martinskirche in **＊Saint-Martin-de-Fenollar** ist ein unscheinbarer Bau, doch birgt sein Inneres den einzigen fast vollständig erhaltenen romanischen Freskenzyklus im Roussillon. Er dürfte um 1110/1120 entstanden sein. In leuchtenden Farben erscheint der thronende Gottessohn im Zentrum der Wandmalerei. Er wird begleitet von Engeln mit den Evangelistensymbolen und von den 24 Ältesten. Darunter sind Szenen aus der Kindheit Christi illustriert (◷ Mo–Mi 14–17 Uhr).

---

sich die einst kostbare Ausstattung des *Saals der Könige* vorzustellen. Heute ist der Palast bevorzugte Kulisse für Hochzeitsfotos und Veranstaltungsort von Theater- und Musikfestivals (◷ Winter tgl. 9–17 Uhr; im Sommer bis 18 Uhr).

Palais des Congrès,
pl. Armand-Lanoux,
F-66002 Perpignan,
☏ 04 68 66 30 30, 🖷 04 68 66 30 26.

Hôtel de la Loge, 1, rue Fabriques-Nabot, mitten in der Altstadt, ☏ 04 68 34 41 02, 🖷 04 68 34 25 13. Wohnen in historischem Ambiente (16. Jh.). Ⓢ
Hôtel de France, 16, quai Sadi-Carnot, ☏ 04 68 34 92 81, 🖷 04 68 34 26 01. Die Lage des gepflegten Hauses direkt neben dem Castillet verführt zu langen Nächten in den Altstadtbars. Ⓢ

Friedliche Stille im Kreuzgang der Kathedrale von Elne

Seite **45**

Viele Gesichter ...

Das Kleineleuteviertel **Puig Saint-Jacques** im Süden von Perpignan erinnert an den Orient. Arabische Musik, fremdartige Gerüche und bunte Märkte, die als die besten der Stadt gerühmt werden, bestimmen das Bild. Marokkaner, Algerier und Spanier leben hier fast unter sich. Wie so oft in multinationalen Städten gibt es jede Menge soziale Probleme und die damit verbundenen Spannungen bleiben nicht aus.

Le Vauban, 29, quai Vauban, i. Zentrum, ☎ 04 68 51 05 10. Brasserie im alten Stil. Ⓢ
La Casa Sansa, 2, rue Fabriques-d'en-Nadal, ☎ 04 68 34 21 84. Katalanische Küche in mittelalterlichen Gewölben mit lebendiger Atmosphäre. Ⓢ

Tipp In den Kneipen des Viertels Puig Saint-Jacques kann man gut und billig essen.

Durch das Tal der Têt

Inmitten der stillen Bergwelt über dem Tal der Têt liegt das ehemalige **Prieuré de Serrabone.** Ursprünglich umgaben mehrere Klostergebäude und Häuser die *Prioratskirche* (1151). Ein Meisterwerk romanischer Steinmetzkunst ist in der Kirche die aus rötlichem Marmor gearbeitete ***Tribüne,*** die wohl der Platz der Sänger war. Die Skulpturen – Kentauren, Hirsche und die Evangelistensymbole – tragen die Handschrift der Werkstatt von St-Michel-de-Cuxa.

Ausgedehnte Obstgärten und Gemüsefelder säumen die Nationalstraße, wo die Bauern je nach Jahreszeit Kirschen, Äpfel oder Pfirsiche anbieten.

Prades

International bekannt geworden ist Prades (6500 Einw.) durch das von **Pablo Casals** (1876–1973) ins Leben geru-

fene **Musikfestival,** das alljährlich im Juli und August in der nahe gelegenen Abtei Saint-Michel-de-Cuxa stattfindet. Der Cellist war 1937 aus dem franquistischen Spanien in die südfranzösische Stadt emigriert. Ein nach dem Musiker benanntes **Museum** ist seinem Leben und Werk gewidmet.

Das Kloster ** **Saint-Michel-de-Cuxa** (sprich „kuscha") ist gleich an seinem Turm lombardischer Prägung zu erkennen. Bereits im 9. Jh. gegründet, entwickelte sich St-Michel unter dem einflussreichen Abt Oliba seit 1008 zum geistigen und künstlerischen Zentrum des Roussillon. Während seiner Amts-

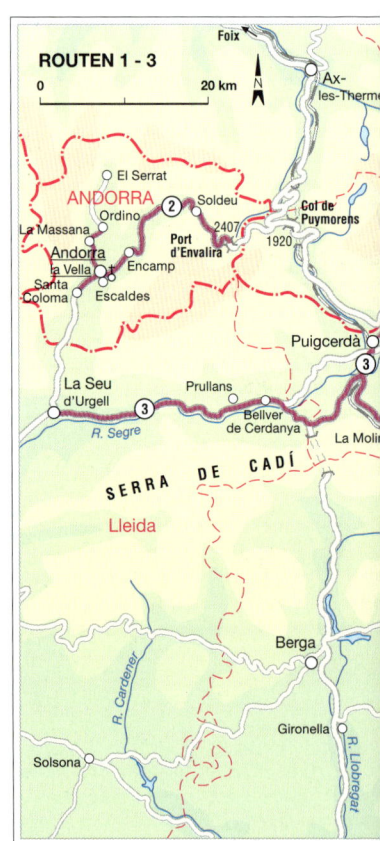

zeit wurde auch die in ihrer Wucht imponierende *Krypta* gebaut. In der *Kirche* erstaunen die hufeisenförmigen Bögen, über deren Herkunft viel gerätselt wird. Vermutlich sind sie die letzten Zeugnisse einer westgotischen Bautradition. Der *Kreuzgang* zeigt trotz seiner turbulenten Geschichte eine eindrucksvolle Sammlung von Kapitellen. 1790 wurde er an private Hand verkauft, 1907 erwarb ein amerikanischer Bildhauer einen Teil der Skulpturen, welche im New Yorker Museum The Cloisters mit Kapitellen verschiedener Herkunft zu einer Art Modellkreuzgang zusammengestellt wurde. Die Bildhauer des 12. Jhs. haben hier aus dem

Altar von Saint-Pierre, Prades

einheimischen, rot-weiß strukturierten Marmor beeindruckende Darstellungen von Mönchen, Engeln und dämonischen Mischwesen geschaffen. Die blühenden Rosen des Klostergartens machen das Bild perfekt. (☾ Mai bis Sept. tgl. 9.30–12, 14–18 Uhr, sonst bis 17 Uhr.)

4, rue Victor-Hugo, F-66500 Prades, ☎ 04 68 05 41 02, 🖷 04 68 05 21 79.

*Villefranche-de-Conflent

Dicke Mauern und ein Festungsgraben umschließen das winzige Städtchen (260 Einw.). 1092 wurde es am Zusammenfluss dreier Gebirgsflüsse gegründet. Nachdem die Hauptstadt der Landschaft Conflent 1654 Frankreich angeschlossen worden war, ließ Ludwig XIV. die Stadtmauern verstärken. Von der Tourismuswerbung als „Cité du marbre rose" („Stadt des rosa Marmor") gerühmt, besitzt Villefranche tatsächlich nicht nur ein in rosafarbenem Marmor gearbeitetes Kirchenportal, sondern auch einen komplett mit dem kostbaren Stein gepflasterten Platz.

Man hat sich in Villefranche ganz auf die Touristen eingestellt, die in den Sommermonaten in Scharen herbeiströmen. Schmiedeeiserne Schilder kündigen die zahlreichen Andenken- und Kunstgewerbeläden, die Galerien und Restaurants an. Die Häuser und Straßen sind so gepflegt, dass sie geradezu künstlich wirken und man sich an eine, zugegebenermaßen gelungene, Disneyland-Version einer mittelalterlichen Stadt erinnert fühlt. Doch fast alles ist original! Das Stadtbild hat sich seit dem 11. Jh. kaum verändert und die Häuserfassaden stammen wirklich noch aus dem 12. bis 14. Jh.

Unberührt vom Rummel thront das **Fort Libéria,** das die alte Grenzbastion schützen sollte, über Villefranche. Der königliche Militärbaumeister Vauban wurde 1680 eigens aus Paris gerufen, um die Festung zu errichten.

F-66500 Villefranche-de-Conflent, Sommer: Place de l'Eglise, ☎ 04 68 96 22 96; Im Winter: in der Mairie neben der Porte de France, ☎ 04 68 96 10 78. Hier ist auch der Fahrplan für den *Train Jaune* (s. u.) zu bekommen.

Le Vauban, 5, pl. de l'Eglise, ☎ 04 68 96 18 03. Das beste Hotel im Ort, gegenüber der Kirche. ⑤

Auberge Saint-Paul, 7, pl. de l'Eglise, ☎ 04 68 96 30 95. Regionale Spezialitäten auf der efeuumrankten Terrasse mit Blick auf die Kirche. ⑤

Massif du Canigou

Nun verlässt man die Nationalstraße und fährt in die Bergwelt des Massif du Canigou. Die oftmals auch noch im Frühsommer schneebedeckte Spitze des **Pic du Canigou** (2784 m) ist ständiger Begleiter auf einer Reise durch das Roussillon. Der Gipfel ist den Katalanen heilig und gilt als Symbol ihrer Unabhängigkeit.

Alljährlich wird in der Johannisnacht, am 24. Juni, auf der Bergspitze das erste Feuer entzündet. Anschließend

*Train Jaune

Eine besondere Attraktion von Villefranche ist der Train Jaune, der hier startet und auf seinem Weg nach Latour-de-Carol 21-mal Station macht. Die kleine gelbe Schmalspurbahn entführt auf einer dreistündigen Fahrt über abenteuerliche Serpentinen an tiefen Schluchten und jäh herabstürzenden Wasserfällen vorbei in die Bergwelt. Dabei geht es über 20 Brücken und durch 19 Tunnel. Spätestens bei der 222 m hohen Hängebrücke *Pont Gisclard* zieht es manch einer vor, nicht mehr hinabzuschauen.

werden in allen umliegenden Dörfern hunderte von Holzstößen angesteckt.

Tipp! Wer den **Pic du Canigou** erklimmen will, kann per Jeep-Taxi (☎ 04 68 05 62 28) von Vernet-les-Bains zum 2175 m hoch gelegenen Chalet des Cortalets fahren. Von dort dauert die nicht allzu beschwerliche Wanderung hin und zurück noch rund drei Stunden.

1

Seite 45

** Saint-Martin-du-Canigou

Wie der Welt entrückt thront die Abtei auf der Spitze eines mächtigen Felsens. Entsprechend schweißtreibend ist der 45-minütige Aufstieg zu Fuß. Als Alternative stehen Jeep-Taxis zur Verfügung (ab Casteil oder Vernet-les-Bains, s. o.; ☎ 04 68 05 63 97).

Als Guifré, Graf der Cerdagne, einen Ort innerer Einkehr suchte, fand er hier ein von Mönchen geleitetes Oratorium, das er 1001 in eine Abtei umwandeln ließ. Vermutlich von dem Tun seines Bruders Oliba, der damals Abt in Cuxa war, angeregt, gab Guifré zwei übereinander liegende Kirchen in Auftrag. Im Alter selbst Mönch geworden, wählte er Saint-Martin als letzte Ruhestätte.

Zuerst sieht man den frei stehenden **Glockenturm** von Saint-Martin. Die dreischiffigen Räume der beiden **Kirchen** sind vollständig eingewölbt, was bei ihrer Größe damals eine bemerkenswerte Neuerung bildete.

Der kleine **Kreuzgang** des Klosters zeigt sich als Ergebnis einer liebevollen, aber nicht immer mit Sachverstand durchgeführten Restaurierung. Nach einem Erdbeben im 15. Jh. und Verwüstungen während der Französischen Revolution begann man bereits 1902 mit den Wiederherstellungsarbeiten.

Inzwischen erhielten die Benediktiner den abgeschiedenen Ort wieder zurück; heute begleiten Nonnen die Besucher freundlich, aber schweigend durch das Kloster (☉ Führungen: Mo–Sa 10, 12,

Selten sind die Straßen in Villefranche-de-Conflent so leer

Romanisches Figurenkapitell im Kreuzgang von Saint-Martin-du-Canigou

In Einklang mit der Natur, ganz der lärmenden Welt entrückt: Saint-Martin-du-Canigou

14.30, 15.30, 16.30 Uhr, So/Fei 10, 11, 12.30 Uhr).

 Tipp Bevor der steile Weg bergab angetreten wird, sollte man unbedingt die Stufen zur **Aussichtsplattform** erklimmen (ausgeschildert). Hier bietet sich einem der bekannte Postkartenblick von oben auf die Abtei, der die Größe der Anlage erst deutlich werden lässt. Harmonisch fügen sich die ockerfarbenen Mauern in die karg bewachsene Berglandschaft.

Place de l'Ancienne Mairie, F-66820 Vernet-les-Bains, ☎ 04 68 05 55 35, 📠 04 68 05 60 33.

*Mont-Louis

Den Pic du Canigou im Rücken, geht es auf der gut ausgebauten Nationalstraße in weiten Kurven hinauf in das von mächtigen Wehrmauern umgebene ehemalige Garnisonsstädtchen. Die **Zitadelle** über dem Ort wird nach wie vor militärisch genutzt. Der Sonnenkönig beauftragte 1679 Vauban (s. S. 20) mit der Sicherung des Orts und dem Bau des Forts. Ludwig traute dem Pyrenäenfrieden von 1659 wohl nicht ganz und wollte die „Pforte zur Cerdagne", so der Beiname von Mont-Louis, vor den Spaniern schützen.

Im Sommer kommt Leben in das zunächst etwas abweisend wirkende Städtchen. Cafés, Kunstgewerbeläden und der bereits 1947 errichtete **Sonnenofen** (☼ tgl. 9–18 Uhr) von Mont-Louis ziehen Besucher an.

 Hôtel Lou Roubaillou, Rue des Ecoles-Laiques, F-66210 Mont-Louis, ☎ 04 68 04 23 26, 📠 04 68 04 14 09. Familiäres Hotel mit viel gelobter katalanischer Küche. Ⓢ

Font-Romeu

Die Sonne spielt auch in Font-Romeu eine große Rolle, verwöhnt sie doch Skifahrer und Wanderer ebenso wie die Kurgäste. Der Ort ist Mittelpunkt des inzwischen bedeutendsten Skigebiets der Pyrenäen mit 40 Pisten, auf denen dank 460 (!) Schneekanonen nie Mangel an weißer Pracht herrscht.

Ebenso wie in der nahen Retortensiedlung **Pyrénées 2000** zeigt man sich mit Kinderkursen und Betreuung für die Jüngsten sowie einem umfangreichen Sportrahmenprogramm besonders familienfreundlich. Verstärkt wird jetzt auch das Sommerprogramm mit wunderschönen Wanderungen durch die **Forêt de Calme** und naturkundlichen Führungen propagiert.

An einem Bach entlang führt eine beliebte Wandertour zum Hochgebirgssee *Lac des Bouillouses.

Eher an das surrealistische Szenario früher Sciencefictionfilme erinnert ein gigantischer, silberglänzender Parabolspiegel vor der schneebedeckten Bergkulisse: der weltweit größte **Sonnenofen.** Er steht in *Odeillo,* unterhalb von Font-Romeu. Bereits in den 50er Jahren hatte man den Entschluss gefasst, die durchschnittlich 3000 Sonnenstunden pro Jahr in der Cerdagne wissenschaftlich zu nutzen.

Die Anlage besteht aus 63 beweglichen Spiegeln, die die aufgefangenen Strahlen reflektieren und bündeln, wodurch Temperaturen von bis zu 4000 °C entstehen. Ein Videofilm und verschiedene Modelle erklären die Funktionsweise des Sonnenofens, der ausschließlich Forschungszwecken dient (☼ tgl. 10 bis 12.30, 13.30–17.30, im Sommer bis 19.30 Uhr).

 38, av. Emmanuel-Brousse, F-66120 Font-Romeu, ☎ 04 68 30 68 30, 📠 04 68 30 29 70.

 Castel Negro, Place de la Poste, ☎ 04 68 30 09 92, 📠 04 68 30 62 97. Am Waldrand mit fantastischem Blick, in Nähe liegen der Golfplatz und mehrere Tennisplätze. Gute traditionelle Küche. Ⓢ

Route 2

Andorra – Mehr als eine Duty-free-Oase

Andorra la Vella – Valira d'Orient – Valira del Nord

Der Zwergstaat in den Bergen, politisches Kuriosum und gigantischer Supermarkt, bietet weit mehr als billiges Benzin und zollfreie Zigaretten. Wer sich von dem frustrierenden Eindruck der Autokolonnen und der Hochhäuser in der Hauptstadt nicht abschrecken lässt, wird in den Nebentälern eine bezaubernde, wilde Landschaft mit einsamen Bergseen und blühenden Wiesen finden sowie Dörfer, in denen die Zeit still zu stehen scheint. Außer den Besichtigungen sollte man mindestens eine Tageswanderung einplanen.

Geschichte

„Karl der Große befreite mich von den Arabern. Ich bleibe die einzige und alleinige Tochter des Kaisers", so heißt es stolz in der Nationalhymne des Landes. Der Legende nach begründete der Franke Andorra aus Dank für die beim Kampf gegen die Araber geleistete Hilfe. Zum ersten Mal dokumentarisch erwähnt wird es 839. Das entscheidende Ereignis in der Geschichte des Bergstaates markiert das Jahr 1278: Damals teilten sich der Bischof von Urgell und der Graf von Foix die Landesherrschaft im Paréage-Vertrag. Die repräsentativen Augaben eines Staatspräsidenten übernehmen bis heute in Personalunion der Bischof von La Seu

In Odeillo wird die Sonnenkraft schon seit Jahrzehnten wissenschaftlich genutzt

2

Seite
44

Blick auf Andorra la Vella, die Hauptstadt des Zwergstaates

Die Weidewirtschaft spielt in Andorra eine große Rolle

2

Seite
44

Einkaufsboom

Innerhalb kürzester Zeit entwickelte sich ab den 50er Jahren das liebenswürdige Kuriosum in den Pyrenäen zum größten Supermarkt Europas mit allen Symptomen unkontrollierten Wachstums. Architektonischer Wildwuchs machte sich breit. Nach Jahren des Booms gingen die Umsätze dann drastisch zurück, da sich die Preise durch die Mitgliedschaft Spaniens und Frankreichs in der EU immer mehr anglichen. Auf der Suche nach neuen Einnahmequellen setzt man jetzt auf den Tourismus.

d'Urgell und der französische Staatspräsident (als Rechtsnachfolger der Grafen von Foix).

Erst mit dem Bau der Straße nach Spanien wurde 1913 das Ende der Isolation eingeläutet. Aufgrund der weitgehenden Abschaffung der Einfuhrzölle setzte dann 1950 eine radikale Strukturveränderung in dem Ministaat ein.

Nach einem Volksentscheid und den ersten freien Wahlen 1993 ist das **Principat d'Andorra** laut Verfassung ein demokratischer, sozialer und unabhängiger Staat. Er umfasst gerade einmal 468 km² und ist damit nur wenig größer als das Bundesland Bremen.

Die Andorraner stellen in ihrer Heimat die Minderheit dar, denn von den rund 65 000 Einwohnern besitzen lediglich 16 000 einen Pass des Fürstentums. Die übrigen sind Arbeitsimmigranten, die vor allem aus den Nachbarländern kommen. Amtssprache ist Katalanisch, doch beherrschen die meisten Einheimischen auch Spanisch und Französisch.

Da Andorra keine eigene Währung besitzt, gilt die spanische Peseta, der französische Franc wird ebenso angenommen. Als indirektes EU-Mitglied will das Land auch den Euro als Zahlungsmittel einführen.

Andorra la Vella

Die Hauptstadt (22 400 Einw.) des Pyrenäenstaates ist ganz das Ergebnis des rasanten wirtschaftlichen Aufstiegs: Betonklötze, Verkehrschaos und Menschenmassen, die sich an den Schaufenstern vorbeischieben – nichts für schwache Nerven. Den Wagen stellt man lieber in einem der Parkhäuser ab.

Die einzige Sehenswürdigkeit ist die ＊**Casa de la Vall,** Regierungssitz und Justizpalast zugleich. Das 1580 aus Naturstein errichtete Haus gilt mit seinen runden Erkern und einem wehrhaften Turm als Ausdruck der Würde und des Selbstbewusstseins des kleinen Volkes. Den Empfangsraum zieren Fresken aus dem 17./18. Jh. Im *Sitzungssaal* steht der berühmte Dokumentenschrank, dessen sieben Schlösser sich nur öffnen lassen, wenn alle Vertreter der sieben andorranischen Gemeinden mit ihren Schlüsseln zusammenkommen (Voranmeldung: ☎ 82 91 29, Mo–Sa 9–13, 15–19, So/Fei 10–14 Uhr).

 Die berühmten Ladenzeilen Andorras haben ihr Gesicht in den letzten Jahren verändert. Elektro-, Tabak- und Alkoholgeschäfte weichen zunehmend schicken Boutiquen internationaler Modedesigner sowie Kosmetik- und Lederwarenläden.

 Carrer Dr. Vilanova s/n, AND-Andorra la Vella, ☎ 82 02 14, 🖷 82 58 23. 🚌 Busse nach La Seu d'Urgell (7 x tgl.) und Ax-les-Thermes (1x tgl.); gute Verbindungen innerhalb Andorras.

 Andorra Park Hotel, C. de les Canals, 24, ☎ 82 09 79, 🖷 82 09 83. Eine der besten Adressen mit Schwimmbad, Tennisplatz, Hydromassage, Restaurant. Ⓢ⧽
Cerqueda Hotel, Mossèn Lluis Pujol, 20, ☎ 82 02 35, 🖷 86 19 09. Gutes Mittelklassehotel mit Freibad. Ⓢ

 La Guingueta, La Rabassa, AND-Sant Julià de Lòria, ca. 5 km südlich von Andorra la

Vella, ☎ 84 29 45. Nobelrestaurant, Seezungenfilet, Apfelkuchen mit Calvados-Sorbet. Ⓢ
Molí del Fanals, C. Dr. Vilanova, 9, ☎ 82 13 81. Besonders empfehlenswert: die hausgemachten Desserts. Ⓢ

Abstecher von Andorra la Vella

Einen kurzen Abstecher in den Süden der Hauptstadt lohnt die vielleicht schönste romanische Kirche Andorras: * **Santa Coloma.** Sie ist ganz aus Bruchstein errichtet und hat einen vierstöckigen Glockenturm, der von mehreren Zwillingsfenstern durchbrochen wird. Zwischen der rechteckigen Apsis und dem Schiff erstaunt ein Hufeisenbogen, der als mozarabisches Element oder als Reminiszenz westgotischer Architektur interpretiert wird.

Ein warmes Essen für die Ratsherren: Gemälde in der Casa de la Vall, Andorra la Vella

Seite 44

Escaldes-Engordany

In Escaldes-Engordany fällt dem Neuankömmling sofort eine futuristisch anmutende Anlage mit silbrig in der Sonne glänzenden Spitzen auf. Es handelt sich um das 1994 eröffnete Erlebnisbad * **Caldea,** wo auf 6000 m² Badefläche alle Variationen des Thermalvergnügens geboten werden.

Aparthotel Prisma, Av. del Fener, 14, AND-Escaldes-Engordany, ☎ 86 79 29, ☎ 86 79 30. 1994 erbauter Hotelkomplex bei der Therme. Ⓢ

Futuristisch anmutender Wassertempel – die Caldea-Therme

Don Denís, Carrer Isabel Sandy 3, ☎ 82 06 92. Originelles Lokal voller Fotos, die den Besitzer mit Stars und Sternchen zeigen. Gute, einfache Gerichte bis spät in die Nacht. Ⓢ

Eine schmale Straße führt von Escaldes hinauf auf 1500 m zur Kirche **Sant Miquel d'Engolasters.** Mit dem quadratischen Turm, den auf jeder Seite mehrere Zwillingsfenster durchbrechen, ist das kleine Gotteshaus aus unverputztem Stein ein typischer Bau der andorranischen Romanik. Im Inneren muss man sich mit einer Reproduktion der

Wandmalerei begnügen. Das Original befindet sich im Museum in Barcelona.

Eine kurze Wanderung über terrassierte Wiesen führt an Tabakfeldern vorbei zu dem kleinen, von Tannenwäldern gesäumten See **Estany d'Engolasters.**

Das Tal der Valira d'Orient

Die Straße durch das Tal ist die Hauptverkehrsader von Andorra und entsprechend stark der Verkehr. Noch mehr Autos gibt es im *Museu National de l'Automòbil* in **Encamp** zu sehen. Außer 100 nostalgischen Wagen nennt das Museum die größte Fahrradsammlung ganz Europas sein eigen.

L'Edelweiss Hotel, C. Major, 20, AND-Pas de la Casa, ☎ 85 51 92, 📠 85 62 92. Kleines Haus ohne große Extras. Fachwerk und Holzbalkons sollen Bergarchitektur vermitteln. ⑤

Santuari de Méritxel

Am 8. September, dem Nationalfeiertag, strömen alljährlich Tausende Gläubige nach Méritxel, um in dem wichtigsten Heiligtum Andorras die Schutzpatronin des Landes zu ehren. Ein Neubau aus Glas und Naturstein trat nach einem Brand 1972 an die Stelle der der Jungfrau von Méritxel geweihten Kirche aus dem 12. Jh.

Soldeu

Der Ort ist idealer Ausgangspunkt, um die bezaubernde Bergwelt des *★ Incles-Tals* zu erkunden, z. B. den hufeisenförmigen **Estany de Juclar,** einen Karstsee inmitten steil aufragender Felswände. Seltene Pflanzen gedeihen hier, darunter die Pyrenäen-Schwertlilie und verschiedene Nelkenarten. Im Winter ist Soldeu fest in der Hand der Skifahrer.

Sport-Hotel, Ctra. General s/n, AND-Soldeu-Canillo, ☎ 85 10 51, 📠 85 15 93. Sport wird in dem landestypisch gebauten Hotel groß geschrieben: u. a. Sauna, Fitnessraum, Freibad. ⑤

Grau Roig, kurz vor dem Grenzübergang, ist mit insgesamt 75 km Skipisten der größte Wintersportort des Landes. Sommerurlauber brechen von hier zu Wanderungen zur Seenplatte im **Circ dels Pessons,** einem von Gletschern gebildeten Talkessel, auf.

Die Hauptstraße windet sich weiter zum *★ Port d'Envalira* empor, dem mit 2407 m höchsten Pyrenäenpass. Das Panorama der Bergwelt ist fantastisch. Weniger begeistern dagegen die häufig langen Wartezeiten an der Grenze.

Das Tal der Valira del Nord

In einigen Ecken des westlichen Hauptals des Landes lebt noch das alte Andorra: Holprige Gassen ziehen sich durch die abseits der Hauptstraße gelegenen Weiler, an deren grauen Steinhäusern Geranien Farbakzente setzen. Noch sind die modernen Hotelbauten nicht bis in den letzten Winkel des Landes vorgedrungen. Paradiesische Ruhe mit blühenden Sommerwiesen findet man in einigen Seitentälern weiter nördlich.

Borda de l'Avi, La Massana, an der Straße nach Arinsal, ☎ 83 51 54. Das vielleicht behaglichste Restaurant von Andorra, in einem ehemaligen Ziegenstall. Lamm, Wildhase und Spanferkel vom Holzkohlengrill. Hier sollte man unbedingt reservieren! ⑤⑤

Tipp Gute Ausgangspunkte für Wanderungen, also die Gelegenheit, Andorra einmal abseits des Einkaufsrummels zu erleben, sind **La Massana** und **Ordino.** Über mögliche Touren informiert das Verkehrsamt in Andorra la Vella (S. 51).

Rutllan Hotel, C. del Revell, AND-La Massana, ☎ 83 50 00, 📠 83 51 80. Großes Haus mit schönem Garten, Tennisplatz und Pool. ⑤ **Santa Bàrbara,** Plaça d'Ordino, ☎ 83 71 00, 📠 83 70 92. Gemütliches Hotel im Ortszentrum von Ordino. ⑤

Route 3

Stolzes Katalonien

Von * La Seu d'Urgell nach
** Girona (188 km)

Die Tour führt durch eine in jeder Hinsicht eigenständige Region Spaniens: Man spricht Català, singt Català, tanzt die Sardana und ist stolz, Katalane zu sein. Kunstliebhabern sind die romanischen Kirchen ein Begriff, vor allem die berühmte Skulpturenwand in Ripoll. Weitgehend unbekannt ist dagegen das Vulkangebiet La Garrotxa bei Olot. Hier reizt eine sattgrüne Landschaft mit Vulkankegeln zum Radfahren und Wandern. Wer möchte, kann sich auch per Planwagen oder Heißluftballon den einst Feuer speienden Ungeheuern nähern. Doch keine Angst, der letzte Ausbruch fand vor 11 500 Jahren statt! Drei Tage sollte man für diese Route ansetzen.

Mittelpunkt von La Seu d'Urgell ist die Kathedrale

Seite 45

* La Seu d'Urgell

La Seu d'Urgell (10 000 Einw.) liegt am Zusammenfluss von Valira und Segre und ist eine der ältesten Städte Kataloniens. Bereits im 6. Jh. war es Bischofssitz, im Mittelalter zählten die Kirchenfürsten, denen zahlreiche Ortschaften unterstanden, zu den mächtigsten Feudalherren der Region. Seit dem 13. Jh. genießt der Bischof von La Seu d'Urgell zudem eine weltweit einmalige Sonderstellung: Gemeinsam mit dem französischen Staatspräsidenten (als Rechtsnachfolger der Grafen von Foix) fungiert er als Regent des benachbarten Staates Andorra (s. S. 63). Neben dem Papst ist er also einer der wenigen Geistlichen mit weltlicher Macht.

Markttag in den Straßen von La Seu d'Urgell

Tipp La Seu lohnt sich als Übernachtungsort, will man in der Gegend wandern oder Kanu fahren.

Inmitten der sattgrünen Landschaft locken tiefblaue Seen

Spaziergang durch die Altstadt

Auf den arkadengesäumten Straßen der stimmungsvollen Altstadt geht es geschäftig, aber keineswegs hektisch zu. Nur dienstags und freitags, wenn die Bauern der Umgebung Markt halten, wird es richtig voll.

Den Mittelpunkt des Zentrums bildet die **Kathedrale Santa Maria** – katalanisch „la Seu", von lateinisch „sedes", Bischofssitz. Die hohe Westfassade der 1116 auf mehreren Vorgängerbauten begonnenen Kirche verschwindet fast hinter den Wohnhäusern. Reliefs mit Menschen verschlingenden Bestien illustrieren hier den Kampf zwischen Gut und Böse. Der Apsis verleiht ein offener Bogengang mit einer Reihe von Zwillingsfenstern eine elegante Leichtigkeit.

Direkt an die Kathedrale schließt die kleine **Esglesia de Sant Miquel** aus dem 11. Jh. an. Zwischen den beiden Kirchen erstreckt sich ein wesentliches romanischer *Kreuzgang*. An den Kapitellen hocken breitbeinig affenähnliche Wesen und Sirenen, die einen grotesken Reigen bilden.

Nicht versäumen sollte man die Besichtigung des **Diözesanmuseums,** in dem neben Reliquienbehältern und Fresken ein mit wunderschönen Miniaturen illustrierter Apokalypse-Kommentar aus dem 10. Jh. ausgestellt ist (○ Juni bis Sept. tgl. 10–13, 16–19 Uhr, So/Fei 10–13 Uhr, sonst nur vormittags).

 E-25700 La Seu d'Urgell, Av. Valls d'Andorra, 33, ☏ 973 35 15 11.

 Parador, Sto. Domingo, 6, ☏ 973 35 20 00, 📠 973 35 23 09. Stilvolle Unterkunft im ehemaligen Dominikanerkloster, von dem allerdings nur der Kreuzgang erhalten ist. Pool. $⑤⟩⟩ **Duc d'Urgell,** C. Josep de Zulueta, 43, ☏ 973 35 21 95. Freundlicher Familienbetrieb mit moderner Ausstattung, ca. 10 Min. von der Kathedrale. ⑤

Puigcerdà

Als eindrucksvolle Kulisse begleiten die Gipfel der *Serra de Cadí* das Segre-Tal im Süden. Das lebhafte, ca. 1200 m hoch gelegene Grenzstädtchen Puigcerdà (6000 Einw.) bietet sich mit seinen vielen Hotels als Zwischenstation oder Standort für Ferien in diesem Teil der Pyrenäen an. Historische Bausubstanz hat die ehemalige Hauptstadt der Grafschaft Cerdanya allerdings kaum zu bieten, da sie am Anfang des Bürgerkriegs als Stützpunkt der internationalen Anarchistenbewegung und noch einmal 1939 beim Abzug der republikanischen Truppen nach Frankreich stark zerstört wurde.

 Patronat Comarcal de Turisme de la Cerdanya, Carrer Espanya, 44, 17520 Puigcerdà, ☏ 972 88 21 61, 📠 972 88 22 83.

 Puigcerdà Park, Ctra. de Barcelona s/n, E-17520 Puigcerdà, ☏📠 972 88 07 50. 52-Zimmer-Haus mit Tennisplatz, Disko und Swimmingpool. ⑤⟩ **Hotel María Victoria,** Carrer Querol, 7, ☏ 972 88 03 00. Einfaches Hotel direkt am Marktplatz. ⑤

*Llívia

Nur 6 km von Puigcerdà entfernt liegt Llívia. Das hübsche Städtchen ist eine spanische Enklave in Frankreich. Den Sonderstatus verdankt es einem Irrtum: Im Pyrenäenfrieden von 1659 einigten sich Spanien und Frankreich auf die Teilung der katalan. Cerdanya und die Übergabe all ihrer Dörfer an Frankreich. Bei genauer Prüfung musste man zwei Jahre später feststellen, dass Llívia Stadtrecht besaß – und somit zu Spanien gehörte. Der liebevoll gepflegte Ort besitzt eine der ältesten Apotheken Europas, die noch bis 1926 benutzt wurde und besichtigt werden kann.

Sant Hipolit de Voltrega
nordöstlich von Ripoll

Ribes de Freser – Núria

Das kleine Städtchen **Ribes de Freser** verdankt seine Bekanntheit neben dem Mineralwasser, das in ganz Spanien geschätzt wird, einer Zahnradbahn (s. u.) aus den 30er Jahren.

Núria, das Ziel von Wochenendausflüglern, ist eine Mischung aus Bergstation und Wallfahrtsort. Die dort verehrte Marienstatue gilt als Schutzpatronin der Hirten, außerdem soll sie gegen Unfruchtbarkeit helfen. Wer sich zutraut, kann von hier aus den 2913 m hohen *Puigmal* besteigen. Die meisten nehmen jedoch nach einer Bootstour auf dem kleinen See oder einer Runde Ponyreiten für die Kinder die letzte Bahn zurück nach Ribes.

Ripoll

Seit ihrer Gründung durch Wilfried den Behaarten im 9. Jh. war die **Benediktinerabtei Santa Maria** in Ripoll von großer politischer wie religiöser Bedeutung. Sie zählte zu den geistigen Zentren Kataloniens. Die Kirche des 10. Jhs. musste zahlreiche Umbauten und Restaurierungen über sich ergehen lassen. Das Ergebnis ist ein etwas steril wirkender Innenraum. Um 1200 wurde dem Bau das in der spanischen Romanik einzigartige **Skulpturenportal** vorgeblendet. In einer ungewöhnlichen Streifenkomposition sind u. a. Szenen aus der Offenbarung des Johannes, Christus mit den Aposteln sowie der Auszug der Kinder Israels aus Ägypten illustriert. An den Skulpturen hat der Zahn der Zeit genagt. Eine Glasscheibe soll den Verfall zumindest verlangsamen (◷ Di–So 8–13, 15–20 Uhr).

Ebenfalls auf eine Gründung jenes Königs Wilfried (gest. 898) geht das nahe Kloster **Sant Joan de les Abadesses** zurück. Anziehungspunkt ist in der Kirche (12. Jh.) das **∗ Santíssim Misteri,** eine Figurengruppe von 1251 mit sechs beinahe lebensgroßen Holzskulpturen, die in eindringlicher Dramatik die Kreuzabnahme darstellen. 1426 wurde eine Hostie im Kopf der Christusfigur gefunden, woraufhin dem „allerheiligsten Mysterium" noch größere Verehrung zuteil wurde.

Olot

Mit seinem großen Hotelangebot ist es ein guter Ausgangsort für Wanderungen im **∗∗Vulkangebiet La Garrotxa,** das sich hauptsächlich südöstlich der Stadt (20 000 Einw.) erstreckt. Der Industrieort besitzt zahlreiche herrschaftliche Villen und bezaubernde Parkanlagen – Zeichen des wirtschaftlichen Aufschwungs, den Olot dank seiner Textil- und Metallindustrie im 19. Jh. erlebte. Dies war auch die Schaffensperiode einer Malergruppe, die als „Schule von Olot" in die Kunstgeschichte eingegangen ist. Beispiele ihrer Landschaftsbilder sind im **Museu Comarcal de la Garrotxa** zu sehen. Wer sich erst einmal theoretisch dem Phänomen des Vulkanismus nähern möchte, geht ins **∗Museu dels Volcans,** wo man auch Wanderkarten für den Naturpark erhält (◷ tgl. außer Di 10–14, 17–19 Uhr, So/Fei 10–14 Uhr).

 Die Firma **Russet** stellt noch auf handwerkliche Art den berühmten Kräuterlikör *Ratafia* her (Carretera Santa Pau, 2, ☎ 972 26 10 88).

Wallfahrt mit der Zahnradbahn

Mehrmals am Tag bewältigt eine Zahnradbahn die 13 km von Ribes de Freser bis zum Wallfahrtsort **Núria** (2000 m) und überwindet dabei einen Höhenunterschied von 1000 m. Die *∗ Fahrt* führt vorbei an Gebirgsbächen, durch Schluchten und an Schwindel erregenden Abgründen entlang. Weit unten schlängelt sich der alte Pilgerweg, der sich Wanderern als Alternative zur Bahnfahrt anbietet.

Bisbe Lorenzana 15, E-17800 Olot, ☎ 972 26 01 41, 📠 972 27 00 56.

 Riu Olot, Ctra. Santa Pau, ☎ 972 26 94 44, 📠 972 26 67 03. Gehobener Komfort, wenn auch etwas modern-steril; behindertengerecht. Ⓢ

La Perla, C. la Deu, 9, ☎ 972 26 23 26, 📠 972 27 07 74. Zimmer und Apartments, beide für den Preis sehr gut. Familienfreundlich. Ⓢ

Cases de Payés, ☎ 972 26 52 94. Unter dem Stichwort „Turismo Rural" (s. S. 27) werden Unterkünfte in typischen Garrotxa-Häusern vermittelt. Ⓢ

 Els Ossos, Crta. Santa Pau, km 2,7, ☎ 972 26 61 34. Fotos prominenter Besucher zieren die Wände. Reservierung erwünscht. Ⓢ

Klosterkirche von Ripoll

3

Seite **45**

Das **Vulkangebiet La Garrotxa

Hinter dem Namen La Garrotxa verbirgt sich die bedeutendste Vulkanlandschaft der Iberischen Halbinsel. Sie umfasst annähernd 40 Vulkankegel, mehrere Explosionskrater und 20 Basaltfelder. Rauchende Krater gibt es hier zwar nicht mehr, doch liegt der letzte Vulkanausbruch „erst" 11 500 Jahre zurück, ein erdgeschichtlich gesehen kurzer Zeitraum. Die Geologen bezeichnen die Vulkane folglich auch nicht als erloschen, sondern lediglich als ruhend.

Die besonders fruchtbare Erde und das regenreiche Klima haben eine üppige Vegetation und Tierwelt hervorgebracht, in der über 1500 verschiedene Pflanzenarten und allein 143 Vogelarten gezählt wurden. In den frühen Morgenstunden, wenn das satte Grün der Hügel in Nebelschwaden gehüllt ist, entfaltet sich der Zauber dieser ungewöhnlichen Gegend.

Die Menschen haben die Vulkane genutzt, besiedelt und in ihnen sogar Ka-

pellen errichtet. Eine davon steht inmitten des 60 m tiefen Kraters des *Santa Margarida,* der einen Durchmesser von 350 m aufweist. Sie wurde nach der gleichnamigen Heiligen benannte. Die Vulkanschlacke wurde im Tagebau gefördert. Durch den damit verbundenen Abbau von Basaltgestein sind der Natur jedoch schwere Schäden zugefügt worden. Einen quasi aufgeschnittenen Vulkan kann man mit dem **Croscat** besichtigen. 1985 wurde das Gebiet unter Naturschutz gestellt.

Einfallsreichtum beweisen die Tourismusbeauftragten, die unterschiedlichste Arten der „Annäherung" an die Vulkane propagieren: Klassisch zu Fuß, romantisch im Planwagen, sportlich auf dem Mountainbike, gemütlich per Bimmelbahn, hoch zu Ross oder abenteuerlich per Heißluftballon kann man diese bizarre Landschaft kennen lernen.

Inormationen im Verkehrsamt in Olot; für Ballonfahrten: La Cot, E-17811 Santa Pau, ☎ 9 72 68 02 55.

Nach *Santa Pau

Die Straße nach Santa Pau führt durch die **Fageda d'en Jordà,** einen Buchenwald, den schöne Wege erschließen. Am Wanderparkplatz informiert das Zentrum **Can Serra** über die Vulkanlandschaft und Wandermöglichkeiten.

Wie einem Bilderbuch entnommen, wirkt das zauberhafte Dorf **Santa Pau.** Das gesamte Ensemble des mittelalterlichen Ortskerns mit Kastell, Stadtmauern, Plaça Major und gotischer Pfarrkirche steht unter Denkmalschutz. Bei einem Streifzug durch die Gassen stößt man auf moderne Skulpturen und Installationen, die einheimische Künstler hier wie zufällig zurückgelassen haben – eine gelungene Art, Kunst in das Straßenbild zu integrieren.

*Castellfollit de la Roca

Dicht drängen sich seine Häuser auf einem 60 m hohen und 1000 m langen Basaltplateau. Einige stehen so nahe an der steil abfallenden Felskante, dass sie gleich abzurutschen scheinen. Der beste Blick bietet sich von einer Holzbrücke unterhalb des Orts; nachts ist das Ganze effektvoll beleuchtet.

*Besalú

Das Wahrzeichen von Besalú ist eine **romanische Brücke** über den Riu Fluvià. Das mittelalterliche Flair des Ortes zieht viele Besucher an. Die Cafébesitzer etwa an der zentralen **Plaça de la Llibertat** machen daher viel Geschäft.

 Vom Duft der Räucherschinkens angezogen, wird man einen Blick in das Delikatessengeschäft am Platz werfen, das die Köstlichkeiten der Region offeriert. Ein kleines *Museum* erklärt deren traditionelle Herstellungsmethoden.

Einige Schritte weiter öffnet sich ein weiter Platz vor **Sant Pere** (12. Jh.). Im Innern der Kirche fällt der Chorumgang mit großen Kapitellen auf.

 Curia Real, Plaça de la Llibertat, 14, ☎ 972 59 02 63. Im ehem. Justizpalast, Terrasse mit Blick zur roman. Brücke. Ⓢ
Pont Vell, Carrer Pont Vell, 28, ☎ 972 59 10 27. Rezepte aus dem Mittelalter. Ⓢ

**Girona

Vorbei an *Banyoles,* dessen See ein Naherholungszentrum ist, geht es nach Girona (80 000 Einw.). Der moderne Teil mit Industrieanlagen und Wohnblöcken lässt die stimmungsvolle Altstadt am rechten Ufer des Riu Onyar nicht vermuten. Wiederholt war Girona Schauplatz blutiger Eroberungskämpfe. Um 715 wurden die Mauren Herren der Stadt, bis sie von den Franken abgelöst wurden. Später zählte die Stadt zum Herrschaftsbereich Barcelonas.

Durch die Altstadt

Bei einem Streifzug durch winklige Gassen und auf steilen Treppenwegen entdeckt man so manch pittoreske Ecken, Bogengänge und Bürgerpaläste mit alten Wappen.

Das Herz des alten Girona ist die *Kathedrale. Ihre Barockfassade lässt den gotischen Bau (14./15. Jh.) nicht vermuten. Hier haben die Architekten eine gewagte Konstruktion verwirklicht: Mit einer Breite von 23 m und einer Länge von 51 m ist der größte eingewölbte gotische Kirchenraum überhaupt entstanden, der ohne stützende Pfeiler auskommt. Von dem romanischen Vorgängerbau hat sich der *Kreuzgang* erhalten – ein Musterbeispiel mittelalterlicher Bildhauerkunst.

Im **Kathedralmuseum** sind neben anderen exquisiten Stücken zwei einmalige mittelalterliche Kunstwerke zu bewundern: ein illuminierter Apokalypsekommentar (10. Jh.) und der berühmte *Schöpfungsteppich. Die farbige Seidenstickerei aus der Zeit um 1100 zeigt in einer Kreiskomposition u. a. den Weltrichter und Szenen aus der Schöpfungsgeschichte.

Die *** Arabischen Bäder** *(Banys Arabs)* gleich neben der Kathedrale wurden erst im 12./13. Jh., also nach der Vertreibung der Mauren aus Girona, gebaut. Man wusste die angenehmen Errungenschaften der anderen Kultur demnach durchaus zu schätzen.

Sant Feliu nordwestlich der Kathedrale ist ein Beispiel dafür, mit welcher Unbekümmertheit im Mittelalter antike, also heidnische Skulpturen in christliche Gebäude integriert wurden. So hat man hier acht römische Sarkophage in die Wände des Chors eingelassen.

Nur einen Katzensprung entfernt liegt das ehemalige Judenviertel, **El Call.** Das Labyrinth der Treppenwege ist das besterhaltene Getto Europas. Die einst bedeutende jüdische Gemeinde existierte vom 9. Jh. bis zu ihrer endgültigen Vertreibung im Jahr 1492.

Auf der **Rambla de la Llibertat** oder der **Plaça de la Independència** kehrt man zurück in die Gegenwart. Allabendlich pulsiert auf der Flaniermeile entlang dem Fluss das Leben. Tagsüber kann man hier einkaufen, Kaffee trinken, Zeitung lesen oder ein Eis genießen.

 Rambla Llibertat, 1, E-17004 Girona, ☎ 972 22 65 75, 🖷 97222 66 12. ✈ Madrid; Charterflüge.

 Hotel Carlemany, Pl. M. Santalò s/n, ☎ 972 21 12 12. Eines der besten Hotels; in Bahnhofsnähe. Ⓢ
Bellmirall, Carrer Bellmirall, 3, ☎ 972 20 40 09. Liebevoll gestaltetes Hotel in historischem Haus direkt hinter der Kathedrale. Ⓢ
Turismo Rural Girona, Carrer Balmes, 6, E-17002 Girona, ☎ 972 22 60 15. Vermittlung von Unterkünften in ländlichen Anwesen. Ⓢ

 Boira, Plaça Independència, 17, ☎ 972 20 30 96. Speisen mit Blick auf die Altstadt. Ⓢ

Núria: Ausflugsziel, Bergstation und Wallfahrtsort

3

Seite **45**

Löwenreliefs an der Fassade von Sant Pere in Besalú

In Girona zieht sich die Altstadt am Riu Onyar entlang

Ein neugieriger Blick nach draußen!

Route 4

Place du Breilh,
F-09110 Ax-les-Thermes,
☎ 05 61 64 60 60.

Von Grotten, Katharern und Kapitellen

Von Ax-les-Thermes nach Tarbes (261 km)

Es geht in die Unterwelt, in die Grotten des Ariège. In den weitläufigen Höhlensystemen erstaunen Darstellungen von Bisons, Pferden und Steinböcken, die rund 13 000 Jahre alt sind. Doch ganz ohne Berge geht es in den Pyrenäen natürlich nirgends: Auf den Hügeln und Felsen rund um Foix stehen die Burgen der Katharer, in die sich im 13. Jh. die Anhänger der im Mittelalter in Südfrankreich weit verbreiteten Glaubensgemeinschaft vor dem Kreuzzug der katholischen Kirche flüchteten. Die päpstlichen Heere zerstörten auch weite Teile des Landes, was dessen kulturelle Entwicklung für lange Zeit zurückwarf. Zwei bis drei Tage dürften für die Tour nicht zu hoch gegriffen sein.

Ax-les-Thermes

Rund 20 km nördlich des Dreiländerecks am *Col de Puymorens* (1915 m) verspricht Ax-les-Thermes (1500 Einw.) einen angenehmen Aufenthalt. Die heißen Quellen, die bei Rheuma und Atemwegserkrankungen Linderung bringen, ein Netz von Wanderwegen, gepaart mit einem breit gefächerten kulturellen wie sportlichen Angebot, und das Skigebiet *Bonascre* machen Ax zu einem beliebten Kur- und Urlaubsort.

Tipp Eine besondere Attraktion ist das **Kasino**. Hier kann man sich beim Roulette oder Black Jack die Zeit vertreiben oder auch im angeschlossenen Restaurant regionale Küche genießen. (🕐 ganzjährig, tgl. geöffnet.)

★★ Grotte de Niaux

Sie ist die beeindruckendste Ariège-Höhle, in die man mit einer Stablampe etwa 1 km weit ins Erdinnere vordringt – durch enge Löcher, schmale, abfallende Korridore und Galerien bis zum „Schwarzen Salon". Im Licht der Taschenlampe sind die Umrisse riesiger Bisons, Büffel, Hirsche und Pferde auf der Felswand zu erkennen. Die Künstler haben sich geschickt die natürlichen Unebenheiten des Steins zunutze gemacht: So wird ein Felsvorsprung zum Pferdekopf, ein anderer zum Leib eines Bisons. Als Farben dienten Bisonfett und Manganoxid. Wahrscheinlich sollten die Tierzeichnungen zum Jagdglück beitragen.

Die Höhlenmalereien von Niaux stammen aus dem Magdalénien, sind also rund 13 000 Jahre alt. Aufgrund ihres hervorragenden Erhaltungszustands und der Zahl der Darstellungen gehören sie zu den bedeutendsten Werken dieser Art überhaupt. Doch es gilt sich zu beeilen, will man diesen Schatz noch sehen. Die Schließung der Höhle wird diskutiert. Der Atem der Besucher führt u. a. zu einer Erhöhung der Temperatur und gefährdet damit die Malereien.

🕐 Juli–Aug. tgl. alle 45 Min.: 9–11.30, 13.30–17.15 Uhr; sonst 11, 14.30, 16 Uhr; 20 Pers. pro Führung; Kartenreservierung erforderlich: ☎ 05 61 05 88 37.

Prähistorische Kunst

Das Schmelzwassser der Gletscher hat im Ariège unzählige, teilweise noch unbekannte Höhlen und ein immenses Labyrinth aus Gängen in den Kalkstein gegraben. In diesem Département wurden in 13 Höhlen prähistorische Malereien entdeckt.

4

Seite
65

Grotte de Bédeilhac

Wenige Kilometer nördlich findet sich bei Bédeilhac eine weitere riesige Höhle. Vom 14. Jh. bis zum Ende des Zweiten Weltkriegs diente sie Menschen als Zufluchtsstätte. Doch bezeugen Strichzeichnungen, Handabdrücke und andere rätselhafte Zeichen ihre Nutzung lange vor diesem Zeitraum. Die immensen Ausmaße des Hauptraumes – 40 m breit, 30 m hoch und 700 m lang – brachten sowohl einen französischen Flugzeughersteller als auch die Deutsche Wehrmacht auf die Idee, die geräumige Halle als Lagerhalle und zur Reparatur von Maschinen zu nutzen.

Schon die Römer schätzten die Quellen von Ax-les-Thermes

** Montségur

Der Montségur ist weit mehr als nur ein Berg mit einer spektakulär gelegenen Burg. Als Wahrzeichen der Katharer ist er ein Wallfahrtsort besonderer Art. Zunehmend wird er das Ziel einer wachsenden Anhängerschaft der selbst ernannten Erben der Katharer, bei denen sich spirituelles, mysthisches und esoterisches Gedankengut vermischen.

Eindrucksvoll thront die **Ruine der Festung** auf einer Felsnase in 1200 m Höhe. Einer der vier Katharerbischöfe erklärte den Montségur 1232 zur Zufluchtstätte der Gemeinschaft. Zur entscheidenden Auseinandersetzung kam es 1243/44, als bis zu 10 000 Mann über ein Jahr lang das Häufchen von 500 bis 600 Verteidigern belagerten. Sie konnten den Angreifern trotzen, bis der Weg auf den Berg verraten wurde. Damit war die letzte Schlacht der Katharer geschlagen, die vor der Wahl standen, ihrem Glauben abzuschwören oder für ihn zu sterben. Gut 200 Menschen wählten den qualvollen Tod auf dem riesigen Scheiterhaufen, der zu Füßen des Berges errichtet wurde.

Von der Burg stehen nur noch die Umfassungsmauern und Teile des Bergfrieds (🕐 Juli/Aug. tgl. 9–20, Okt./Nov. 11–17, sonst 10–19 Uhr; ca. 30 Min. Fußweg).

Verbrennung der Katharer von Montségur

Eingang zur Grotte de Niaux

4

Seite **65**

Hôtel Costes Maricettes,
F-09300 Montségur,
☎ 05 61 01 10 24,
🖷 05 61 03 06 28. Zu Füßen des Bergs, landestypisches Haus, gute Küche, Spezialität: Wildschweinpfeffer. Ⓢ

Galerie l'Occitadelle, Essen am Kamin mit Blick auf die Burg; ☎ 05 61 01 21 77. Ⓢ

* Foix

Für ein paar Tage im Juli und August wird in Foix (10 000 Einw.) noch einmal das Mittelalter lebendig. Auch wenn die adretten Hofdamen, Bauern, Narren und Minnesänger ein unrealistisch gepflegtes Mittelalterbild vermitteln, erfreut sich das Fest mit Ritterturnieren, Umzügen, historischem Markt und einem berauschenden Feuerwerk großer Beliebtheit. So mancher Belagerer hat sich an der **Festung,** deren Ursprünge ins 10. Jh. zurückgehen, die Zähne ausgebissen. Einer von ihnen war Simon de Montfort, der unerbittliche Verfolger der Katharer. Er versuchte in den Jahren 1210/11 vergeblich, die Burg einzunehmen, da die mächtigen Grafen von Foix zwar katholisch geblieben waren, den Abtrünnigen aber Schutz gewährten.

Kämpfer gegen den „Prinzen der Finsternis"

Die Tourismusbranche in Südfrankreich setzt heute voll auf die Katharer, jene Bewegung des 12./13. Jhs., die dem Land die Geschichte ihres heldenhaft-tragischen Untergangs hinterließ. Im Ariège, der ehemaligen Hochburg der sog. Ketzer, gibt es wohl kein Geschäft ohne einen Sondertisch mit Büchern über die strenggläubigen Katharer.

Der Ursprung der Bewegung, die vermutlich vom Balkan nach Europa kam, ist nicht klar. Besser fassbar ist die Lehre der Katharer, griechisch „die Reinen", der ein streng dualistisches Weltbild zugrunde lag. Dem „Gott des Lichts" steht der Teufel, der „Prinz der Finsternis", gegenüber. Da die Welt grundsätzlich böse ist, ist auch jede Berührung mit ihr sündhaft, weshalb die Katharer Geschlechtsverkehr, die Ehe, auf Gewinn ausgerichtete Arbeit, den Verzehr von Fleisch und selbstverständlich Krieg, zumindest für ihre Elite, strikt ablehnten. Der Mensch könne sich nur durch Askese und Weltabgeschiedenheit befreien. Innerhalb ihrer Gemeinden unterschieden die Katharer zwischen den gewöhnlichen Gläubigen und den „Vollkommenen", für die strengere Regeln galten. Die Katharer forderten die persönliche Armut der Priester wie der ganzen Kirche, bestritten zahlreiche kirchliche Dogmen, lehnten die Sakramente ab und leugneten die Menschwerdung Christi. Auf den Marktplätzen lieferten sie sich mit Vertretern der Amtskirche leidenschaftlich Debatten. In Südfrankreich schlossen sich große Teile des Adels der neuen Bewegung an, da die Feudalherren hierin eine Möglichkeit sahen, ihre politische Unabhängigkeit gegenüber dem König von Frankreich zu stärken.

Als die Katharer 1167 nacheinander vier eigene Päpste ernannten, sah die Katholische Kirche den Zeitpunkt gekommen, dieser Bedrohung entgegenzuwirken. Papst Innozenz III. fand in der Ermordung eines päpstlichen Legaten den gesuchten Anlass und rief zum Kreuzzug auf. Die auch schon zuvor spürbare Verfolgung gipfelte in den mit großer Grausamkeit wütenden Albigenserkriegen (1209–1229), die nach den Einwohnern von Albi, unter denen sie zahlreiche Anhänger besaßen, benannt wurden. Überall loderten die Scheiterhaufen. Zu Tausenden wurden die „Ketzer" verbrannt, die Bewohner ganzer Orte wahllos niedergemetzelt – schließlich hatte die Kirche den Söldnern dafür das Seelenheil versprochen.

Heute ist in der Burg das **Museum des Ariège** untergebracht mit Funden aus den Höhlen der Umgebung sowie gallorömischen und mittelalterlichen Exponaten (☉ Juni u. Sept. tgl. 9.45–12, 14–18 Uhr; Juli/Aug. tgl. 9.30–18 Uhr; Mai u. Okt. tgl. 10–12, 14–17.30 Uhr).

Zwischen dem Burghügel und dem Fluss Ariège erstreckt sich die **Altstadt** mit vielen Fachwerkhäusern. Obwohl inzwischen Restaurants, Antiquitäten- und Souvenirläden hinzugekommen sind, dürfte sich das Bild seit Jahrhunderten kaum wesentlich verändert haben. Von der Alten Brücke, Pont Vieux, aus zeigt sich die Festung von ihrer schönsten Seite. Mit den schneebedeckten Berggipfeln im Hintergrund ist das Panorama perfekt.

Die drei Burgtürme sind bis heute Wahrzeichen von Foix

 Cours Gabriel Fauré, F-09000 Foix, ☎ 05 61 65 12 12, 📠 05 61 65 64 63.

 Hotel Lons, 6 Place G.-Duthil, ☎ 05 61 65 52 44, 📠 05 61 02 68 18. Sympathisches Logis de France. Ⓢ
Les Rives, F-09120 Varilhes, ☎ 05 61 60 73 42, 📠 05 61 60 78 76. Ca. 10 km nördlich von Foix, Herrenhaus am Ufer der Ariège. Park, Tennis, Schwimmbad. Ⓢ

Le Saint Marthe, Rue Noël-Peyrevidal, ☎ 05 61 02 87 87. Traditionelle, hochgelobte Küche. Ⓢ

Tipp Einen Besuch wert ist das **„Venedig von Ariège",** wie man den unterirdischen Fluss von **Labouiche,** 5 km nordwestlich von Foix gelegen, nennt. Die Bootsfahrt (ca. 75 Min.) durch 1500 m lange, geheimnisvolle Höhlengänge ist äußerst beeindruckend. Im Juli/August empfiehlt es sich wegen des großen Andrangs, möglichst früh am Vormittag zu kommen (☎ 05 61 65 04 11).

4

Seite 65

Sonnenaufgang in den Pyrenäen

In vielen Pyrenäendörfern leben fast nur noch alte Menschen

„Grüne Route"

Wer Zeit und Lust hat, die Gegend per Auto, aber doch eher gemächlich zu erkunden, wählt ab Foix die **Route Verte**. Wie der Name nahe legt, führt die Straße durch ein bewaldetes Gebiet. Man entdeckt einen sanften fast unberührten Landstrich. Immer wieder öffnen sich Ausblicke auf die Zentralpyrenäen.

Ins Tal der Garonne

Ab **Biert** begleitet der Arac mit seinem glasklaren Wasser die wenig befahrene Straße. Durch die *Ribaouto-Schlucht* geht es Richtung *Saint-Girons*. Auf einem Hügel oberhalb dieses Städtchens drängen sich die Häuser von **Saint-Lizier.** Vom 6. bis zum 19. Jh. war der heute unbedeutende Ort Bischofssitz. Von der Kathedrale *Saint-Lizier* erblickt man als erstes den für diese Gegend ungewöhnlichen achteckigen Zie-

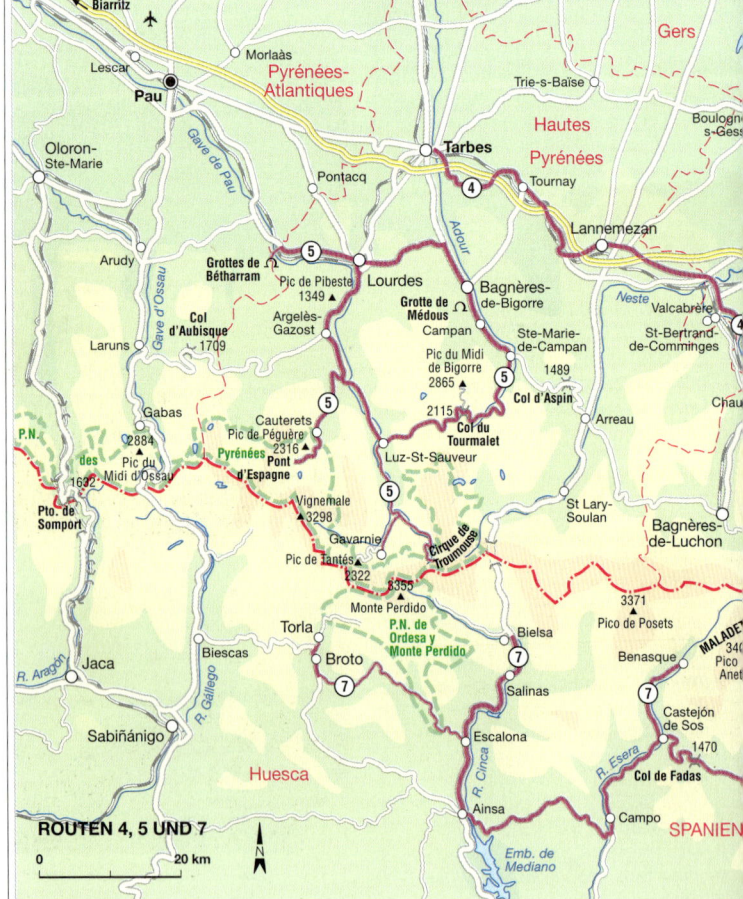

gelsteinturm. Eine Kostbarkeit sind die romanischen Fresken (11./12. Jh.) in der Apsis. Christus sitzt riesengroß über den paarweise angeordneten Aposteln. Darunter sind die Verkündigung an Maria und ihre Begegnung mit Elisabeth zu erkennen. Nur während des Festivals für klassische Musik (Juli/Aug.) ist Saint-Lizier gut besucht, sonst ist man auf seinem Streifzug durch das stimmungsvolle Städtchen mit Brunnen, Gassen und alten Fachwerkhäusern meistens allein.

Brunnen in Saint-Lizier

Nach Saint-Bertrand-de-Comminges führen erneut mehrere Wege: Eilige nehmen die zeitsparende National-straße, landschaftlich reizvoller ist die Tour durch Dutzende verschlafener Dörfer des **Bellongue-Tals** auf einem engen Sträßchen. In unzähligen Kurven windet es sich den *Col de Portet d'Aspet* (1069 m) hinauf, bevor man das Tal der Garonne erreicht.

** Saint–Bertrand–de–Comminges und Umgebung

Ausgerechnet Saint-Bertrand-de-Comminges soll Herodes und seiner eifer-süchtigen Gattin, die den Tod von Johannes dem Täufer zu verantworten hatten, als Exil gedient haben. Eindeutig belegt ist jedenfalls die Existenz einer wichtigen römischen Siedlung, die Pompejus 72 v. Chr. hier errichten ließ. 60 000 Einwohner zählte das Lugdunum Convenarum der Römer bereits im 1. Jh. n. Chr.

Bei einem Bummel durch die verwinkelten Gassen des Ortes mit ihren restaurierten Fachwerkhäusern versteht man schnell, warum Saint-Bertrand die Auszeichnung „eines der schönsten Dörfer Frankreichs" erhielt.

Noch aus dem 15./16. Jh. stammt die **Maison médiévale,** ein aus roten Ziegelsteinen und Holz errichtetes Fachwerkhaus. Im Sommer beleben Kunsthandwerker, die Keramik, Holzarbeiten und Schmuck anbieten, die Straßen.

Eine schmale Straße führt hinauf zur **Kathedrale Sainte-Marie,** die sich hoch über den rot leuchtenden Dächern der Ortschaft erhebt. Sie verdankt ihre Existenz gleich zwei Bertrands. 1120 veranlasste Bertrand de L'Isle-Jourdain, Bischof von Comminges, den Bau des Gotteshauses. Ende des 13. Jhs. wurde die Kirche von Bertrand de Got, der später als Klemens V. erster Papst in Avignon wurde, vergrößert. Das *Portal* und *Glockenturm* der Kathedrale romanisch, das Schiff und der Chor gotisch.

Im *Innern* der Kathedrale ziehen die kunstvoll geschnitzte Orgel und das Chorgestühl aus dem 16. Jh. die Aufmerksamkeit auf sich. Künstler aus Toulouse haben hier ihrer Fantasie freien Lauf gelassen und lustige oder derbe biblische wie legendäre Gestalten geschaffen.

Berühmt ist der *Kreuzgang* mit dem Evangelistenpfeiler. Als große Reliefs gearbeitet, schauen die vier Evangelisten in die vier Himmelsrichtungen.

 Parvis de la Cathédrale, F-31510 Saint-Bertrand de Comminges, ☎ 05 61 95 44 44.

 Hôtel-Restaurant L'Oppidum, ☎ 05 61 88 33 50, 🖷 05 61 95 94 04. Logis de France bei der Kathedrale, Spezialitäten: *foie gras*, Forellen und *mousse caramel et noix*. Ⓢ

Hôtel-Restaurant des Comminges, ☎ 05 61 88 31 43, 🖷 05 61 94 98 22. Efeuumranktes Haus im Zentrum mit kleinem Garten. Spezialitäten: Lamm in Knoblauchsauce, hausgemachtes Gebäck. Ⓢ

 Chez Simone, ☎ 05 61 88 30 70. Familiäre Atmosphäre, Simone empfiehlt *poule au pot* (S. 22). Ⓢ

Inmitten fruchtbarer Wiesen und Felder, nur 2 km entfernt von Saint-Bertrand, liegt **Valcabrère.** Ein Friedhof mit hohen Zypressen umgibt die kleine Kapelle * *Saint-Just.* Mit der Kathedrale von Saint-Bertrand-de-Comminges im Hintergrund ist die Kirche ein beliebtes Fotomotiv. Am Eingang der Basilika erwarten den Besucher monumentale Gewändefiguren des Namenspatrons. Für den Bau, der in mehreren Phasen vor sich ging, der Altar wurde um 1200 geweiht, hat man antike sowie frühchristliche Skulpturen und Sarkophage verwendet. So blicken beispielsweise etwas befremdlich wirkende heidnische Masken in den christlichen Altarraum!

Tarbes

Die mit 50 000 Einw. zweitgrößte Stadt der Region Midi-Pyrénées wartet zwar nicht mit großen Kunstwerken, dafür aber mit guten Einkaufsmöglichkeiten und der sympathischen Atmosphäre einer mittelgroßen französischen Stadt auf. Der Industriestandort mit einer wichtigen Zulieferindustrie für den TGV hatte und hat bis heute vielfältige Bezüge zum Militär. Doch trotzdem verströmt Tarbes provinziellen Charme.

So sitzen in den Cafés, etwa auf der zentralen Place Verdun, häufig Soldaten aus den umliegenden Kasernen in ihrer Freizeit. In Tarbes wurde der berühmte französische Heerführer des Ersten Weltkriegs und alliierter Oberbefehlshaber **Ferdinand Foch** (1851 bis 1929) geboren. In seinem **Geburtshaus** (2, rue Victoire) erinnern Bilder, Skulpturen, Fotos und Möbelstücke an den Marschall.

Saint-Bertrand-de-Comminges: Evangelistenpfeiler im Kreuzgang

Das **Internationale Husarenmuseum** im gepflegten **Jardin Massey** mitten in der Stadt illustriert die Geschichte der ursprünglich aus Ungarn kommenden Reitersoldaten. Der Direktor der Gärten von Versailles höchstpersönlich ließ den Park im 19. Jh. im englischen Stil anlegen.

Faszinierender Panoramablick vom Port de la Bonaigua

Auch das **Gestüt** östlich des Zentrums, das für die Zucht der *chevaux tarbais* berühmt ist, wurde aus militärpolitischen Erwägungen während des Spanienkrieges von Napoleon I. gegründet. Die als besonders robust geltenden angloarabischen Vollblüter wurden bis zum Beginn des Zweiten Weltkriegs von der Kavallerie eingesetzt, für die sie bis zu 150 kg schwere Lasten schleppten.

 3, cours Gambetta, F-65000 Tarbes, ☎ 05 62 51 30 31, 🖷 05 62 44 17 63.
Für Infoadressen der Nationalparks s. S. 70.

Idyllischer Rückzugsort zivilisationsmüder Städter

4

Seite 64

Route 5

Es geschehen noch Wunder …

** Lourdes – ** Cirque de Gavarnie –
* Pic du Midi de Bigorre (220 km)

Gläubige aus allen fünf Kontinenten bahnen sich rund ums Jahr vorbei an Unmengen kitschiger Devotionalien ihren Weg zur Grotte der hl. Bernadette. Wer vom Rummel in der „Brüderlichen Stadt" Lourdes genug hat, sollte in die Stille der Bergwelt entfliehen. Außer im gigantischen Talkessel des viel besuchten Cirque de Gavarnie werden hier Erholung und Ruhe pur geboten. Und auf dem 2865 m hohen Pic du Midi de Bigorre ist man den Sternen sowieso näher. Die Route ist mit dem Auto bequem in zwei bis drei Tagen zu fahren. Wer einen festen Standort vorzieht, kann in Lourdes oder einem ruhigeren, weiter südlich gelegenen Ort übernachten.

5

Seite
64

** Lourdes

Lourdes (16 000 Einw.) verdankt einer 14-jährigen Müllerstochter seinen Aufstieg zu einem der bedeutendsten katholischen Wallfahrtsorte der Welt. Am 11. Februar 1858 erschien Bernadette Soubirous eine weiß gekleidete Frau, die sich in weiteren Visionen als Muttergottes zu erkennen gab. Sie wies Bernadette an, nach einer Quelle zu graben, die prompt aus dem Boden sprudelte. Das Ereignis sprach sich schnell herum und so wohnten der 15. Erscheinung bereits 8000 Neugierige bei. Schon zu Bernadettes Lebzeiten hatte der Bischof von Tarbes Lourdes als neuen Wallfahrtsort propagiert. 1933 wurde Bernadette offiziell in den Kanon der katholischen Heiligen aufgenommen.

Quelle der Hoffnung

Auch im heiligen Bereich, bei der Grotte selbst, ist die Organisation perfekt. Oberhalb einer Reihe von Wasserhähnen, aus denen das Wunder wirkende Nass fließt, erteilen fünfsprachige Leuchtschriften die Anweisungen zu Gebet, Buße und Wassertrinken.

Doch beim Anblick der tiefen Religiosität vergeht selbst den kritischsten Zeitgenossen das spöttische Lächeln: Behinderte und Todkranke werden auf eigens angefertigten Karren herbeigeschoben. Verzweifelte Eltern bringen ihre kranken Kinder, andere schleppen sich mühsam auf Krücken zur Quelle.

Ziel der alljährlich rund 6 Mio. Pilger aus aller Welt ist die **Grotte miraculeuse**, in der eine Marienfigur an die Erscheinungen erinnert. Der Quelle in der Grotte wird heilende Wirkung zugesprochen und so kommen jedes Jahr rund 70 000 Kranke, die ihre letzte Hoffnung auf dieses Wasser setzen. 1977 erkannte die katholische Kirche 63 Heilungen als Wunder an.

Lourdes muss den Ansturm gewaltiger Menschenmassen verkraften. Natürlich ist die Wallfahrt auch ein lukrativer Wirtschaftsfaktor. Die Zufahrtsstraßen zum Hauptplatz sind ein einziger riesiger Devotionalien-Supermarkt. Besonders skurril wirken die Behälter für das heilige Wasser: Von der Miniaturampulle mit Echtheitszertifikat bis zum 10-Liter-Kanister reicht das Sortiment.

Der alte Teil der **Cité religieuse** von Lourdes liegt in der schmalen Schleife des Gave de Pau. Die Weihe der Krypta unterhalb der **Basilique Supérieure** hatte Bernadette 1866 noch selbst miterlebt. Nur fünf Jahre später wurde die Kirche darüber nach Plänen von Viollet-le-Duc in neugotischem Stil fertig gestellt, 1889 folgte die **Basilique du Rosaire**. Doch das Anwachsen der Pilgerströme machte neue Bauten erforderlich: Zur Hundertjahrfeier der Erscheinungen errichtete man 1958 die **Basilique souterraine Saint-Pie-X.** Diese 12 000 m² Fläche umfassende unterirdische Betonbasilika bietet 20 000 Gläubigen Platz und ist eine der größten Kirchen der Welt. 1988 kam der so genannte **Espace Sainte-Bernadette** für weitere 7000 Menschen hinzu.

Während der Pilgerzeit (Ostern bis Ende September) wird jeden Tag um 16.30 Uhr vor der Basilique Supérieure der Segen erteilt und abends zieht ein langer Fackelzug zur Grotte.

Lediglich die **Burg** hat nichts mit dem Pilgerbetrieb zu tun. Sie wurde im 11. Jh. als Sitz der Grafen von Bigorre errichtet, diente zeitweise als Gefängnis und beherbergt heute eine ethnographische Sammlung.

An der Weihe der Krypta unterhalb der Basilique Supérieure nahm Bernadette teil

 Pl. Peyramale, F-65100 Lourdes, ☎ 05 62 42 77 40, 📠 05 62 94 60 95.
🚆 Tarbes–Ossun–Lourdes, 11 km nordwestlich; innerfranzösische Flüge.

 Lourdes verfügt mit rund 400 Hotels nach Paris über die größte Bettenkapazität Frankreichs. Am besten erkundigt man sich im Touristenbüro nach freien Zimmern (1- bis 2-Sterne-Hotels).

Das große Geschäft mit Devotionalien in Lourdes

Westlich von Lourdes

Ein kleines Naturwunder, 13 km von Lourdes entfernt, sind die ** **Grottes de Bétharram,** ein ganzes System gewaltiger Tropfsteinhöhlen. Unterirdische Flüsse haben mehr als 20 Grotten in fünf Etagen übereinander aus dem Stein gewaschen. Die beeindruckendsten Gesteinsformationen sind im *Saal der Lüster* zu bewundern. Mit ein wenig Phantasie verwandeln sich die Felsen wirklich zu Kronleuchtern, Bären und allerlei Fabelwesen. Der Weg führt über Treppen und abfallende Felsen hinab zu einem unterirdischen Fluss, auf dem die etwas großspurig angekündigte Bootsfahrt beginnt. Tatsäch-

„Das Lied von Bernadette"

Franz Werfel (1890–1945) machte die Geschichte der Bernadette Soubirous zu einem literarischen Welterfolg. Nachdem der Schriftsteller Österreich 1938 verlassen musste, schwor er in Lourdes, ein Buch über die hl. Bernadette zu schreiben, falls er den Nazis heil entkommen sollte. In Amerika entstand dann der 1941 veröffentlichte Roman „Das Lied von Bernadette", in dem Werfel bewusst sachlich von dem kleinen Mädchen und seinen Visionen erzählt.

Parc National des Pyrénées

Mit 457 km² ist dieser Nationalpark der größte in den Pyrenäen. Das Schutzgebiet erstreckt sich südlich von Cauterets an der französisch-spanischen Grenze und umfasst die höchstgelegenen Pyrenäenlandschaften. Vor der Parkgründung 1967 waren viele kritische Stimmen zu hören. Die Bauern fürchteten durch den Verlust wirtschaftlich nutzbaren Landes um ihr Einkommen. Doch dank des Tourismus wurde der Park zur wichtigsten Einnahmequelle der umliegenden Dörfer.

Parkverwaltung, 59, route de Pau. F-65000 Tarbes, ☎ 05 62 44 36 60, 📠 05 62 44 36 70.
Maisons du Parc befinden sich auch in Gavarnie (am Ortseingang), ☎ 05 62 92 49 10, und in Cauterets, ☎ 05 62 92 62 23.

 Tipp Unter der Leitung ausgebildeter Bergführer *(gardes-moniteurs)* werden im Park **Tageswanderungen angeboten,** die jeweils unter einem besonderen Motto stehen (Flora, Fauna u.a.). Infos bei den *Maisons du Parc.*

Zu den beliebtesten Ausflugszielen gehört der * **Lac de Gaube.** Zu Fuß ist er vom großen Wanderparkplatz in *Pont d'Espagne* über einen steilen, aber gut ausgebauten Weg zu erreichen (hin und zurück ca. 2,5 Std.).

Wer sich den anstrengenden Aufstieg sparen will, wählt den Sessellift. Ob die Höhe mühsam erklommen oder bequem erreicht wird, das herrliche Panorama des tiefblauen Sees vor dem Vignemale-Massiv (3298 m) bleibt dasselbe. Von der Terrasse eines Ausflugslokals kann man es ausgiebig genießen.

 Place du Maréchal-Foch, F-65116 Cauterets, ☎ 05 62 92 50 27, 📠 05 62 92 59 12.

 Hôtel du Lion d'Or, 12, rue Richelieu, ☎ 05 62 92 52 87, 📠 05 62 92 03 67. Zwei Schwestern leiten den Familienbetrieb in einem der ältesten Häuser des Thermalortes. Ⓢ

** Cirque de Gavarnie

Der Cirque de Gavarnie rund 40 km von Cauterets entfernt ist die Pyrenäen-Sehenswürdigkeit Nummer eins. Alljährlich kommen mehr als 1 Mio. Touristen in das Dörfchen **Gavarnie,** um den berühmten Gebirgskessel zu bewundern. Tucholsky war von den „Menschenpaketen", die schon zu seiner Zeit hier anzutreffen waren, sichtlich irritiert. Doch hat man erst einmal die Reihe der hintereinander hertrottenden Maultiere und Pferde, auf denen man bis zum Hôtel du Cirque gelangen kann, hinter sich gelassen, sind die lärmenden Mengen sogleich vergessen und man steht überwältigt in dem gigantischen Kessel.

Seite 64

lich legt man die ca. 100 m in einem langsamen Schienenboot zurück. Rasant ist dagegen die Zugfahrt zum Ausgang. In den Höhlen herrschen konstant 13 °C, sodass man einen Pullover braucht (🕐 25.3.-25.10.: tgl. 8.30–12, 13.30-17.30 Uhr; Dauer der Führung ca. 1,5 Std.; ☎ 05 62 41 80 04).

Cauterets

Dem traditionsreichen Thermalbad (1200 Einw.) verliehen einst Berühmtheiten wie George Sand, Alexandre Dumas, Gustave Flaubert und Sarah Bernhardt den aristokratisch-künstlerischen Glanz des Fin de Siècle. Stumme Zeugen dieser Epoche sind die Oper, das Kasino sowie das hölzerne Bahnhofsgebäude. Zu den Kurgästen, die Heilung durch die Schwefelquellen suchen, kommen Urlauber hinzu, die in der Bergwelt des nahe gelegenen **Parc National des Pyrénées** wandern wollen.

Mehrere Dreitausender bilden ein riesiges Amphitheater aus Felswänden, die fast senkrecht 1400 m aufsteigen. Die imposanten Formationen sind einem eiszeitlichen Gletscher zu verdanken, der eine riesige Einkerbung verbreiterte und Geröll talwärts schob. Zahlreiche Wasserfälle stürzen von den schroffen Wänden. Beeindruckend ist vor allem die **Grande Cascade,** mit 422 m Fallhöhe der größte Wasserfall Europas. Ein Gletschersee des *Monte-Perdido-Massivs* auf der spanischen Seite speist die Kaskade, deren Wasser unterirdisch aus 2600 m Höhe hierher gelangt.

Tipp Wer sich nicht mit mit diesem Anblick begnügen will, wandert weiter zur **Brèche de Roland** (2807 m; 13 km; s. S. 72).

Die Grande Cascade im Cirque de Gavarnie

Die Tour de France im Hochgebirge

Der Col du Tourmalet gehört zu den Lieblingspässen der Organisatoren der Tour de France. Jedes Jahr wird die rund 3800 km lange Strecke etwas anders gelegt, doch die Pyrenäenpässe sind immer dabei. Sie zählen zu den Höhepunkten der „Tour de torture", wie das härteste Radrennen der Welt auch genannt wird. Fester Bestandteil des Routenverlaufs sind die Pyrenäen seit 1910, nur sieben Jahre vorher wurde das Etappenrennen für Berufsfahrer ins Leben gerufen. Die sich bergauf quälenden Sportler können sich des Respekts und der Bewunderung der Zuschauer sicher sein, denn der Anstieg ist mörderisch. Streckenweise ist eine Steigung von 17 % zu meistern. Aber auch wenn es in atemberaubendem Tempo bergab geht, müssen die Rennfahrer Können und Mut beweisen. Vertrauen in die Bremsen der Zweiräder ist vonnöten! Bis zu acht Stunden sitzen die Männer im Sattel.

Die Geschichte des Rennens, das zunächst als verrückte Idee belächelt wurde, liest sich spannend wie ein Krimi. Ein Teilnehmer wurde während der Tour sogar ermordet – ein sog. Helfer hatte ihm vergiftetes Wasser gereicht. Ein anderer Radfahrer lief mehrere Kilometer bis zur nächsten Schmiede, nachdem sein Rad kaputt gegangen war, und fuhr dann noch als Siebter durchs Ziel. Triumph und Tragödie lagen bei diesem Rennen schon immer dicht beieinander. Nicht unwichtig sind auch das Preisgeld und die mit dem Sieg verbundenen Gewinne. Rund 614 000 DM warten auf das Team des Siegers, hinzu kommen lukrative Werbeinnahmen. Und so ist das ehemalige Sportereignis für manche Kritiker heute nur noch ein einziger Werberummel.

Entlang der Rennstrecke erleben Tausende die Tour live mit. Ganze Dörfer warten, mit Klappstühlen, Hockern und Kisten ausgerüstet, auf die Ankunft der Radler. Ein Autokorso mit Ersatzteilen, Reportern, Organisatoren und Sponsoren kündigt die Sportler an. In einem dichten Pulk schießen sie dann vorbei und schon wenige Minuten später ist das Schauspiel zu Ende. Aber man war dabei und wird es nächstes Jahr garantiert wieder sein.

5

Seite 64

Mairie (Bürgermeisteramt) in F-65120 Gavarnie-Gèdre, ☎ 05 62 92 49 10, 📠 05 62 92 46 12. Siehe auch S. 70.

 Les Voyageurs; 23 schlichte Zimmer in der ehem. Poststation. ☎ 05 62 92 48 01, 📠 05 62 92 40 89. Ⓢ

*Cirque de Troumouse

Vielleicht nicht ganz so imposant wie der Cirque de Gavarnie, dafür aber vom Besucherrummel verschont ist der Cirque de Troumouse. Die Wände sind hier niedriger, die Länge von 10 km jedoch macht dem Nachbarn Konkurrenz.

Viel Höhenluft

In **Luz-Saint-Sauveur,** einem in den Sommermonaten recht lebhaften Thermalbad, zweigt die Straße zum berühmten Col du Tourmalet ab. Leider verunstalten die Landschaft unzählige Sessellifte, die die Gegend zwischen dem traditionsreichen *Barèges* und der Retortensiedlung *La Mongie* zum wohl beliebtesten Skigebiet der Pyrenäen machen.

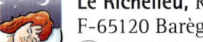 Place 8. Mai, ☎ 05 62 92 30 30, 📠 05 62 92 87 19.

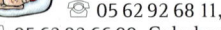 **Le Richelieu,** Rue Ramond, F-65120 Barèges, ☎ 05 62 92 68 11, 📠 05 62 92 66 00. Gehobene Mittelklasse; Sauna, schöner Garten. Ⓢ

Einmal im Jahr macht der **Col du Tourmalet** Schlagzeilen, wenn sich die hochtrainierten Profiradrennfahrer während der Tour de France auf seine 2115 m hinaufquälen (S. 71). Per Auto geht es dagegen ganz bequem über diesen höchsten befahrbaren Pass (Okt. bis April geschl.) der französischen Pyrenäen mit Drei-Sterne-Panorama.

Zwischen Himmel und Erde scheint das astronomische Observatorium auf dem *Pic du Midi de Bigorre (2865 m) zu

*Brèche de Roland

Der rund hundert Meter tiefe Einschnitt in die Felswand sieht wie von Menschenhand geschaffen aus und hat fantastische Entstehungstheorien angeregt. Roland (S. 78), der kühne Mitstreiter Karls des Großen, soll tödlich verwundet an dieser Stelle sein berühmtes Schwert Durendal gegen die Felswand geschleudert haben, damit dieses nicht in die Hände der Feinde falle.

thronen. Eine Drahtseilbahn überwindet die 110 m von La Mongie bis zur Plattform. Mit fast 5 km zählt sie zu den längsten Seilbahnen Europas. Eine weitere Bahn vom Col du Tourmalet aus soll bald eröffnet werden. Bislang führt nur eine mautpflichtige Schotterstraße mit bis zu 12 % Steigung vom Pass auf den Pic.

Die ** *Aussicht* von der Passhöhe ist schlichtweg grandios. Es wird behauptet, sie sei die schönste der Pyrenäen. Die Sonne spiegelt sich im Eis der Gletscher, von Ost nach West zieht sich das Band der mächtigen Gipfel.

Das 1881 eingerichtete **Observatorium** auf dem Pic du Midi besitzt das größte Teleskop Frankreichs und diente der NASA zur Erstellung der Karten von Mondoberfläche für die „Apollo"-Mission (🕐 im Sommer tgl. 8–9 Uhr).

Tipp Wem nach den luftigen Höhen der Gipfel noch nach einem Abstecher in die Unterwelt zumute ist, dem sei die **Grotte de Médous,** gleich hinter dem Kurort *Bagnères-de-Bigorre,* empfohlen. Der Fluss Adour hat hier tief unter der Erde Säle und Gänge geschaffen, die z. T. per Boot besichtigt werden (🕐 Juli/Aug. 9–12, 14–18, sonst 8.30–11.30, 14–17.30 Uhr; Mitte Okt. bis Ende März geschl.).

Überwältigende Farbenpracht im Frühling

Seite 64

Route 6

Auf den Spuren von Roland und Jakobus

Von ** ✶✶ Biarritz nach Jaca (286 km)

Vom noblen Seebad Biarritz aus geht es über den Ibañeta-Pass in die Täler Navarras und in die aragonesischen Vorpyrenäen. Ob zu Fuß, auf dem Fahrrad, mit dem Bus oder im Wagen, hinter dem Dorf Valcarlos folgen alle den Spuren der beiden ungleichen Helden Jakobus und Roland. Der Gefolgsmann Karls des Großen war 778 am Ibañeta-Pass im Kampf gegen die Basken gefallen. Der Apostel hatte sich angeblich im 9. Jh. an der Vertreibung der Mauren beteiligt. Der Pass, den schon Kelten und Römer benutzt hatten, ist der wichtigste Pyrenäenübergang und war Teil der Pilgerroute nach Santiago de Compostela. Wie bereits vor 800 Jahren überqueren heute Menschen aller Altersgruppen den Pass, beten auf der Anhöhe ein Ave-Maria und stellen ein kleines Holzkreuz auf, bevor sie weiterziehen. Die vorgeschlagene Reiseroute eignet sich für eine Viertagetour oder für mehrere Tagesausflüge von einem festen Standort aus.

✶✶ Biarritz

Dem Seebad (29 000 Einw.) verhalf im 19. Jh. Kaiserin Eugénie zu einer Karriere als Urlaubsort gekrönter Häupter, Politiker, Stars und Sternchen. Noch heute ist die Stadt mit ihren Luxushotels, Golfplätzen, edlen Modeboutiquen und schmucken Villen eher für das gehobene Freizeitvergnügen als für Familienferien geeignet. Auch die über Frankreichs Grenzen hinaus geschätzten Zentren für **Thalassotherapie,** in denen sich gestresste Zeitgenossen mit Hilfe der heilenden Wirkstoffe des

Meeres rundum verschönern und pflegen lassen können, sprechen eine betuchte Klientel an. Eine Ausnahme bilden die Surf-Freaks, die, angezogen von der berühmten Brandung an Biarritz' Stränden, notfalls gleich dort campieren oder die Nächte in einer der zahlreichen Diskos durchtanzen.

Im **Casino Bellevue** an der **Uferpromenade** hat schon so mancher sein Geld gelassen. Vorbei am ehemaligen Fischerhafen, in dem schnittige Jachten festmachen, führt die Promenade zum **Rocher de la Vierge.** Eine Marienstatue gab dem von wild aufschäumender Gischt umspülten Felsen seinen Namen. Am eigenen Leib musste Bismarck 1864 die Tücken der Strömung erfahren, als er mit knapper Not vor dem Ertrinken gerettet werden konnte.

Im **Musée de la Mer** gleich hinter dem Felsen lernt man viel über das Meer und seine Bewohner. In den 24 Aquarien des Museums faszinieren besonders die Haie und die Seehunde, bei deren Fütterung man zuschauen kann (🕐 Juni bis Sept. tgl. 9.30–20, sonst 9.30–12.30, 14–18 Uhr).

Am Abend verwandelt sich Biarritz in ein glitzerndes Lichtermeer und kaum einer lässt sich den Anblick von der Promenade **La Perspective** oberhalb der Plage de la Côte des Basques entgehen.

Heiliger Berg Rhune

Ein Ausflug kann zum ca. 20 km südlich gelegenen Aussichtsberg Rhune (900 m) führen. Über Ascain erreicht man Col de St-Ignace, wo die altertümliche **Zahnradbahn** startet (Juli–Sept., außerdem Ostern und Pfingsten; Abfahrt alle 30 Min.). Den Basken gilt der Berg seit Menschengedenken als heilig. Einst dürfte sich auf dem Gipfel ein Druidentempel erhoben haben. Heute lockt vor allem die herrliche Aussicht zahlreiche Besucher an.

ROUTE 6

0   20 km

1, square d'Ixelles, F-64200 Biarritz, ☎ 05 59 22 37 00, 🖷 05 59 24 14 19.

 Hôtel du Palais, 1, av. de l'Impératrice, ☎ 05 59 41 64 00, 🖷 05 59 41 67 99. Von Kaiser Napoleon III. für seine Gattin errichtet; die Preise sind eines Kaisers würdig. Elegantes Jugendstilambiente. Ⓢ⟩⟩
Val Flores, 48, av. de la Marne, ☎ 05 59 24 07 94, 🖷 05 59 24 09 06. Von sympathischer Familie geführtes, hübsches Haus, ca. 10 Min. vom Strand, preisgünstig und gut. Ⓢ

 Le Grand-Siècle, im Hôtel du Palais. Gourmettempel im Luxusambiente. Ⓢ⟩⟩

** Bayonne

Der Lage an den Flüssen Adour und Nive verdankt Bayonne (43 000 Einw.), baskisch „guter Hafen", seine Existenz. Bereits die Römer hatten im 3./4. Jh. eine Garnison an der strategisch günstigen Stelle gegründet.

1152 fiel Bayonne als Mitgift Eleonores von Aquitanien an Großbritannien. 300 Jahre lang florierte der Seehandel unter britischer Flagge. Die Fischer aus Bayonne waren als Walfänger geschätzt, die Waffenschmiede gelten als die Erfinder des Bajonetts (um 1660). Geschichte schrieb man erneut im Jahr 1808, als Napoleon den spanischen König zur Abdankung zugunsten seines Bruders Joseph Bonaparte zwang.

Die Flüsse teilen die Stadt in *Grand Bayonne* auf dem linken, *Petit Bayonne* auf dem rechten Ufer der Nive und *Saint-Esprit* jenseits des Adour. Das gewaltige Halbrund der **Festungsanlagen** schützte die Kommune vor Angriffen. Wie auch das **Château Vieux,** das noch vom Militär genutzt wird, wurden sie von Vauban (S. 20) entworfen.

Grande Bayonne

Mitten im Häusergewirr von Grand Bayonne erheben sich die Türme der **Kathedrale** *Sainte-Marie,* die vom 13. bis zum 16. Jh. im Stil der nordfranzösischen Gotik errichtet wurde. Die Glasfenster stammen zum Teil noch aus der Renaissance. Kurios ist die Geschichte eines riesigen Türklopfers: Wer den sog. Asylring berührte, konnte wegen kleinerer Vergehen, so etwa Diebstahl, nicht mehr bestraft werden.

Tipp! In den verwinkelten Straßen herrscht tagsüber reges Treiben, denn es lässt sich hier wunderbar einkaufen. Unter den Arkaden laden Cafés und Konfiserien mit verführerischen Auslagen ein.

Petit Bayonne

Vier Nive-Brücken führen von der Altstadt hinüber nach Petit Bayonne, einen Stadtteil ganz anderen Charakters. Die vielen Plakate mit der grün-rotweißen Fahne des Baskenlands, Aufschriften auf Baskisch und grelle Graffiti weisen das Viertel als Zentrum der baskischen Nationalisten aus (s. S. 13).

 Allabendlich wird es in Klein-Bayonne lebendig, wenn sich die Kneipen mit vorwiegend jugendlichem Publikum füllen.

Das **Château Neuf** aus dem 15. Jh. wird noch vom Militär genutzt.

Vorübergehend nicht zugänglich ist das **Musée Basque** mit einer Sammlung zur Geschichte und Kultur des Baskenlandes (Abschluss der Renovierung 2000). Bleibt das nach dem 1833 in Bayonne geborenen Künstler und

Bayonner Spezialitäten

Die köstliche **Schokolade** verkauft die *Chocolaterie Cazenave,* 19, rue Port-Neuf. *Pierre d'Ibaïalde,* 41, rue des Cordeliers, handelt mit **Schinken.** Der nach Kräutern duftende Likör **Izarra** ist mit 48 % Alkoholgehalt eigentlich ein Schnaps. Die *Izarra-Brennerei* im Stadtteil Saint-Esprit können Sie besichtigen (☎ 05 59 55 09 45).

Sammler benannte **Musée Bonnat** mit vielen beachtlichen Exponaten wie dem „Selbstbildnis mit Brille" von Francisco de Goya sowie Gemälden von El Greco, Murillo, Rubens, Ingres und Degas (⏱ Mo, Mi, Do, Sa, So 10–12, 14.30 bis 18.30 Uhr, Fr 14.30–20.30 Uhr).

Place des Basques, F-64100 Bayonne, ☎ 05 59 46 01 46, 🖷 05 59 59 37 55.

➣ Paris und andere franz. Städte.

Grand Hôtel, 21, rue Thiers, ☎ 05 59 59 14 61, 🖷 05 59 25 61 70. Beste und teuerste Adresse; gutes Rest. ⑤⟫
Formule 1, ☎ 05 59 55 57 51. Man weiß, was einen erwartet: billig, sauber, nur für Autofahrer geeignet, da am Stadtrand (Saint-Frédéric). ⑤

Auberge Cheval Blanc, 68, rue Bourgneuf, ☎ 05 59 59 01 33. Erlesene Speisen der baskischen Küche. ⑤⟫
Le Pavé, 8, rue des Gouverneurs, ☎ 05 59 59 51 74. Gemütliches Restaurant in einem der ortstypischen Kellergewölbe. Fischspezialitäten. ⑤

* Saint-Jean-Pied-de-Port

Spätestens die vielen Muscheln und Wanderstäbe, die in Saint-Jean-Pied-de-Port (1400 Einw.) angeboten werden, erinnern daran, dass man sich jetzt auf dem Pilgerweg befindet. Der Ort war die letzte Station vor dem beschwerlichen *Puerto de Ibañeta* über den Pyrenäenkamm. Heute ist der romantisch im Tal an der Nive gelegene Ort v. a. am Wochenende ein hoffnungslos überlaufenes Ausflugsziel.

Die Besucher drängeln sich auf dem **Pont Vieux,** um die tausendfach abgebildete weiß getünchte Häuserzeile mit den roten Balkonen zu sehen, die sich im Fluss spiegelt. Fotografen warten den Spätnachmittag ab, wenn das Motiv in warme Farben getaucht ist. Wer den Blick von oben genießen möchte, nimmt den steilen Weg zur **Burg** aus dem 17. Jh. (nicht zugänglich).

Blick auf den ehemaligen Fischerhafen von Biarritz

Bayonne: Stadtansicht mit Kathedrale

6

Seite **75**

Der gotische Kreuzgang der Kathedrale von Bayonne

Office de Tourisme, Place Marché, ☎ 05 59 37 03 57, 🖷 05 59 37 34 91.

Les Pyrénées, Place Charles-de-Gaulle, ☎ 05 59 37 01 01, 🖷 05 59 37 18 97. Bestes Restaurant im Ort mit baskischen Köstlichkeiten. ⑤

Bei Saint-Jean-Pied-de-Port liegt das Anbaugebiet für den *Irouléguy,* einen der wenigen Pyrenäen-Weine (s. S. 23). Zu den besten Produzenten zählen die Domänen **Brana** (☎ 05 59 37 00 44) und **Ilarria** (☎ 05 59 37 23 38).

Tipp Saint-Jean-Pied-de-Port ist Ausgangspunkt des **Fernwanderwegs Grande Randonnée 65** (GR 65), der sich am Jakobspilgerweg orientiert. Infos: Deutsche St.-Jakobus-Gesellschaft e. V., Harscampstr. 20, 52062 Aachen, ☎ 02 41/4 79 01 27.

*Puerto de Ibañeta

Mit diesem Pass hatten die Wallfahrer das schwierigste Stück ihrer Reise zu bewältigen. Nachts und bei Nebel wies ihnen eine Glocke den Weg über den 1057 m hohen Gebirgsübergang. Das Bildnis der Gottesmutter, die als Königin der Pyrenäen verehrt wird, veranlasst bis heute viele Reisende, ein Ave-Maria zu beten.

Weiter oben erinnert ein Felsbrocken mit überkreuztem Schwert und Morgenstern an den Helden Roland. Der Paladin Karls des Großen befehligte die Nachhut des Frankenheeres. Der Sage nach geriet er in einen Hinterhalt und starb schließlich nach erbittertem Gefecht zusammen mit seinen Gefährten. In dem um 1100 entstandenen „Rolandslied" wurde der heldenhafte Kampf des jungen Recken verewigt.

*Roncesvalles

Hatten die Pilger den Ibañeta-Pass glücklich überwunden, fanden sie im Hospiz der **Augustinerabtei** von Ron-

Zu Besuch bei Cyrano

Im Kurort **Cambo-les-Bains** lebte Ende des 19.Jhs. Edmond Rostand, der als Verfasser des "Cyrano de Bergerac" weltberühmt wurde. Als Wohnsitz ließ er sich die *Villa Arnaga* errichten, in der noch das Originalmobiliar zu bewundern ist. Zu der Jugendstilvilla gehört ein Park mit Blumenrabatten, Springbrunnen und Gartenpavillon (🕐 März bis Okt. tgl. 10–12, 14.30-18.30 Uhr).

cesvalles, ungefähr eine halbe Fußstunde weiter südlich, Aufnahme. Sie bekamen zu essen, frische Kleidung, medizinische Betreuung oder gar eine Grabstätte.

Kernstück der Klosteranlage ist die gotische **Stiftskirche,** die allerdings recht unsensibel restauriert wurde. Viele Wallfahrer erbitten sich von der Marienstatue (13./14. Jh.) Hilfe. Im *Kapitelsaal* ist das Grabmal Sanchos des Starken zu sehen. Mit 2,25 m Länge entspricht die Liegefigur angeblich der tatsächlichen Körpergröße des Siegers von Las Navas de Tolosa (1212), einer der entscheidenden Schlachten der Reconquista.

Die gotische **Jakobs–** und die **Heiliggeistkapelle** birgt die Gebeine der hier verstorbenen Jakobspilger. Im **Museum** (🕐 Juli/Aug. tgl. 10–14, 16–20 Uhr; Sept. bis Juni tgl. 10.30–13.30, 16–18 Uhr) sind kostbare Goldschmiedearbeiten zu bewundern, darunter ein Reliquienbehälter, der aufgrund seiner Form auch „Schachbrett Karls des Großen" genannt wird.

Antiguo Molino, E-31650 Roncesvalles, ☎ 948 76 01 93.

La Posada, ☎ 9 48 76 02 25. Mittelklassehotel mit gutem Restaurant. Spezialität: Lammbraten vom Grill oder aus dem Ofen. ⑤

Gesäumt von Buchen- und Tannenwäldern führt die Landstraße durch das Arce-Tal. Der Río Urrobi begleitet die Fahrt bis zu seiner Mündung in den Iratí. Am Zusammenfluss von Urobi und Iratí entsteht ein riesiger Stausee.

Sangüesa

Besäße Sangüesa (4600 Einw.) nicht eine der bedeutendsten Skulpturenwände der spanischen Romanik, würde sich sicher kaum jemand in das verschlafene Städtchen am Río Aragón verirren.

Das ** *Südportal* der Kirche **Santa María** aus dem 12. Jh. gehört zu den Höhepunkten einer Kunstreise durch Spaniens Norden. Die Fassade ist von oben bis unten mit Reliefs überzogen: Riesige Apostelfiguren, geflügelte Mischwesen, Drachen und unzählige

Hut, Umhang, Stab und Muschel kennzeichneten den Jakobspilger

Der Camino de Santiago

Vor Dirnen, vergiftetem Wasser und unehrlichen Wirtsleuten sei gewarnt! Solchen und noch schlimmeren Gefahren waren die Pilger ausgesetzt, die den gefährlichen Weg zum Grab des hl. Jakobus im fernen Galicien auf sich nahmen. Da es höchst ungewiss war, ob man von der langen Reise heil zurückkommen würde, gehörte es zu den Vorbereitungen der Wallfahrt, seine Schulden zu bezahlen, Streitigkeiten zu bereinigen und sein Testament zu machen. Das Grab des Apostels war im 9. Jh. in Santiago de Compostela entdeckt worden. Zwar ist ungewiss, ob der hl. Jakobus sich überhaupt jemals in Spanien aufgehalten hat, doch wurden über seinem vermuteten Grab im Laufe der Jahrhunderte mehrere Kirchen gebaut. Und der heilige Leichnam erfreute sich einer zunehmenden Verehrung, die sich zu einer der größten Wallfahrten des Mittelalters entwickelte. Es kamen so viele, dass so manche Brücke unter dem Gewicht der Pilgermassen einbrach und man in den Städten zuweilen nicht von einer Straßenseite auf die andere kommen konnte.

Die Motive zur Reise waren sehr unterschiedlich: Manche hatten ein Gelübde abgelegt, andere zogen aus Neugierde oder Abenteuerlust los, Kaufleute verbanden religiöse mit finanziellen Interessen miteinander. Und so gehörten die vier Hauptrouten des Jakobswegs durch Frankreich, die zu den Pyrenäenübergängen am Somport- oder Ibañeta-Pass führten, zu den wichtigsten Kommunikationsadern des Mittelalters. Die Pilger konnten mit kostenloser Unterkunft und Verpflegung in Klöstern und Hospizen rechnen und waren selbst ein wichtiger Wirtschaftsfaktor.

Das Interesse am *Camino* nimmt heute wieder zu. Überall begegnet man modernen Pilgern. Ob aus religiösem oder historischem Interesse, ob zu Fuß oder auf supermodernen Rädern, ob am Stück oder jeden Sommer etappenweise bereist – die Faszination des Jakobsweges scheint ungebrochen.

6

 Seite 75

andere Gestalten. Im zentralen Bogenfeld thront Christus als Richter am Jüngsten Tag. Er wird von den Engeln und seinen Jüngern begleitet.

Der Weg zum **Touristenbüro** lohnt sich unbedingt, denn es ist in Palast mit barockem Portal und kunstvoll geschnitzten Balkonkonsolen untergebracht.
Calle Alfonso de Batallador, 20, E-31400 Sangüesa, ☎🖷 9 48 87 03 29

*Sos del Rey Católico

Der Ort verdankt seinen Beinamen dem Katholischen König Ferdinand, der hier 1452 geboren wurde. Um den Bergfried und die Kirche **San Esteban,** die auf dem höchsten Punkt des Felsens thronen, gruppieren sich die Häuser und Gassen, in denen die Zeit stillzustehen scheint. Das Portal des Sakralbaus erinnert an die Fassade in Sangüesa, auch wenn die Skulpturen in Sos von geringerer Qualität sind. In der Krypta aus dem 11. Jh. haben sich zwei mächtige romanische Kapitelle mit Vögeln und einem hockenden Menschenpaar sowie Fresken aus dem 14. Jh. erhalten.

Parador, C. Arq. Sainz de Vicuña, 1, E-50680 Sos del Rey Católico,
☎ 9 48 88 80 11, 🖷 9 48 88 81 00.
Moderner Bau im regionalen Stil mit rustikal-stilvoller Einrichtung, Terrasse mit herrlichem Ausblick. ⑂

**Abtei Leyre

Schon einige hundert Meter nach der Abzweigung der Straße sieht man die Gebäude der Abtei (🕐 tgl. 10.30–13, 16–18.30 Uhr) vor der dicht bewaldeten gleichnamigen Sierra liegen. Die modernen Bauten hat man den mittelalterlichen Gebäuden angepasst, sodass nichts den Gesamteindruck stört. Nachdem das Kloster im 19. Jh. aufgegeben worden war, leben heute wieder Benediktiner hier. Anfang des 11. Jhs. bildete Leyre das bedeutendste geistliche Zentrum Navarras. So lag es nahe,

den Ort als Grablege der Könige zu bestimmen, bis diese Funktion an das Kloster Santa María la Real in Nájera (Rioja) überging. Die Krypta und Teile der 1057 geweihten **Abteikirche San Salvador** zählen zu den frühesten romanischen Bauten der Halbinsel.

Zunächst geht es einige Stufen in die **Krypta** hinab, den wohl beeindruckendsten Teil der Anlage. Der kleine, dreischiffige Raum besitzt massive Mauern und schwere Gewölbe, die auf kurzen, dicken Säulen mit nur grob behauenen Kapitellen ruhen. Ihr einziger Schmuck sind die archaisch wirkenden Einkerbungen auf den Kapitellen, die Blattmotive bilden. Die Krypta liegt direkt unter der Klosterkirche und nimmt deren Grundriss vorweg.

Die **Kirche** wirkt im Vergleich zur Krypta groß und leicht. Von einem frühromanischen dreischiffigen Bau sind die Apsiden und die beiden anschließenden Langhausjoche erhalten. In der Gotik wurde ein den gesamten Raum überspannendes Gewölbe eingezogen. Das *Portal* (12. Jh.) ist über und über mit Skulpturen bedeckt, die u. a. Heilige, Tiere, Weinranken und einen riesigen Dämonenkopf zeigen. Im Bogenfeld steht Christus als Sieger über das Böse auf einer Bestie. Er wird von Maria, Johannes und einem Schreiber begleitet.

*Mallos

Eindrucksvoll duckt sich das Dörfchen **Riglos** im Schatten der sog. Mallos. So heißen die je nach Lichteinfall leuchtend roten bis orangefarbenen Felswände, die die fantastische Kulisse des Dorfes bilden. Die Erosionskräfte haben aus dem weichen Gestein seltsame Felsspitzen und Formationen herausgearbeitet, die an die Finger eines Riesen erinnern. Im Frühjahr machen die bunten Blumenwiesen davor das Fotomotiv perfekt!

6

Seite 75

Hospedería de Leyre,
E-31410 Leyre,
℡ 9 48 88 41 00. Speisen und
Wohnen in Klostermauern. Ⓢ

Von der Abtei aus genießt man einen
herrlichen Ausblick auf den **Stausee
von Yesa** und die umliegenden Hügel,
die aus Mergel bestehen und bizarre
Formen bilden. Vom Frühjahr bis zum
Herbst, d. h. solange der Wasserstand es
erlaubt, ist der See das Ziel vieler Was-
sersportler, danach präsentiert er sich
als ausgedehnte, beinahe unheimliche
Mondlandschaft.

*Abtei von Roncesvalles: Pilger-
station und Wallfahrtsstätte*

Abstecher
nach Süden

Von *Puente la Reina de Jaca*
aus lohnen Sehenswürdig-
keiten unterschiedlicher Art
einen Abstecher nach Süden
(ca. 54 km; *Riglos* s. links).

Eine Schotterpiste führt von
der Hauptstraße nach **Agüe-
ro.** Kurz vor dem kleinen Ort
liegt rechter Hand auf einer
Anhöhe das Ziel der holperigen Fahrt:
die *Iglesia de Santiago.** Aus unbe-
kannten Gründen wurde das im 12. Jh.
begonnene Projekt nach dem Bau der
Apsiden und eines Teils des Langhau-
ses abgebrochen. Doch in erste Linie
sind die Skulpturen des Südportals sehenswert. Sie zeigen die Anbetung der
Könige. Ein Herrscher hat sich sogar
auf die Knie geworfen, um dem Jesus-
kind die Füße zu küssen. Auf den Kapitellen darunter spielen Musiker zum
Tanz auf, treten Ritter gegeneinander
an, ein Kentaur verfolgt einen Hirsch.

Schon von weitem ist die gewaltige
Festung von **Loarre** zu sehen. Sie
liegt einsam und uneinnehmbar in
1100 m Höhe auf einem Felsen. Eine
Umfassungsmauer mit acht Rundtür-
men schützt das ausgedehnte Areal der
Vorburg nach Osten. Den inneren Bereich überragt der zinnenbekrönte
Bergfried. Die Anlage wurde zusammen mit dem Kloster im 11. Jh. erbaut.

*Der Kreuzgang des Klosters
von San Juan de la Peña*

6

Seite
75

*Stilbildend wirkte die Kathedrale
von Jaca*

In windiger Höhe bietet sich ein weiter Blick auf die Ebro-Niederung. Bei dem Streifzug durch das alte Gemäuer sollte man die Kirche mit ihrem erstaunlich hohen Schiff und den figürlichen Kapitellen nicht auslassen. Affen starren mit weit geöffnetem Mund von den Fensterkapitellen.

Santa Cruz de la Serós

In das 100-Seelen-Dorf Santa Cruz de la Serós fährt man nicht nur wegen der interessanten Klosterkirche aus dem 11. Jh., sondern auch weil es ein **typisches Dorf** in Hoch-Aragón ist. Die Häuser werden hier aus Bruchstein errichtet, unverputzt belassen und mit Schieferplatten gedeckt. Charakteristisch sind die kleinen Schornsteine mit ihren winzigen Dächern und Fensterchen. Darunter befindet sich der Kamin.

Die **Kirche** der Ortschaft ist das einzige Überbleibsel einer einst mächtigen Abtei. Durch den nahezu steril gepflasterten Kirchplatz wirkt das kompakte Architekturdenkmal merkwürdig isoliert, so als würde es wie ein Museumsstück auf dem Tablett präsentiert. Zu seinen Besonderheiten zählt der Turm, der durch drei Reihen von Zwillingsfenstern gegliedert ist.

Nachweislich geht der Sakralbau auf eine königliche Stiftung aus dem Jahre 992 zurück. Die Äbtissinnen stammten zumeist aus einer Königsdynastie und so wurde das Kloster mit reichen Schenkungen bedacht.

Durch das *Portal* mit dem für die Kirchen Aragóns typischen Christusmonogramm betritt man das auffallend hohe, schlichte Innere. Eine Treppe führt in den Kuppelraum über der Vierung mit figürlich gestalteten Kapitellen und in den Turm.

 Im rustikal eingerichteten Restaurant gegenüber der Kirche gibt es schmackhafte landestypische Spezialitäten vom Holzofengrill.

Historisches Kloster

Während der Reconquista spielte San Juan de la Peña eine so überragende Rolle, dass sich hier die Herrscher von Aragón begraben ließen. Die vergleichsweise schlichten Grabnischen sind im *Panteón de los Nobles* im Hof vor der Kirche zu sehen. Im 11. Jh. schloss sich San Juan de la Peña als erstes spanisches Kloster der Reformbewegung an, die von der einflussreichen burgundischen Abtei in Cluny ausging. Die dem Papst verpflichteten Cluniazenser bemühten sich um die Aufhebung der bis dato zelebrierten westgotischen Liturgie in den spanischen Reichen. 1071 wurde in San Juan de la Peña die erste Messe nach römisch-katholischem Ritus gefeiert.

** San Juan de la Peña

Wer den ausgeschilderten Weg zu Fuß macht oder an den Haltebuchten der kurvenreichen Straße aussteigt, wird mit etwas Glück Gänsegeier oder sogar einen Steinadler über den Felsen aufsteigen sehen. Je nach Jahreszeit erfreuen gelb leuchtender Ginster und wohlriechende Gewürzpflanzen wie Lavendel und Thymian Auge und Nase.

Erst wenige Meter vom Eingang entfernt entdeckt man das Kloster von San Juan de la Peña. Umgeben von dichtem Wald liegt es versteckt unterhalb einer Felswand. Die im 9. Jh. gegründete Abtei war also eine ideale Zufluchtsstätte der Christen vor arabischen Überfällen.

Die ungewöhnliche Lage der Gebäude im Fels (spanisch: „peña") verlangte ungewöhnliche architektonische Lösungen: Die drei Apsiden der Oberkirche mussten direkt in den Fels getrieben werden; von dort ist auch der

Wasserfall im Ordesa-Nationalpark

Kreuzgang zu erreichen. Eine vorkragende Felswand aus Nagelfluhgestein bildet sein natürliches Dach, die figürlichen **Kapitelle** aus dem 12. Jh. sind der eigentliche Schatz von San Juan.

In einem sehr persönlichen Stil stellte der Bildhauer Szenen aus dem Alten und Neuen Testament dar. Adam und Eva, Kain und Abel, Christus und die Jünger starren die Betrachter mit übernatürlich großen Augen an. Tiefe, in den Stein gefurchte Kerben zeichnen die Kleider und Umhänge nach. Die Haare liegen den Männern in Wülsten gerollt am Kopf, die Frauen hingegen tragen das Haar unter Schleiern verborgen.

🕐 Mi–So 10–13.30, 16–20 Uhr, Okt. bis März 10–13.30 Uhr, im Winter 11 bis 14.30 Uhr; häufig geänderte Ruhetage, Auskunft unter ☎ 9 74 36 25 21.

Tipp Abschließend sollte man der in engen Kurven ansteigenden Straße zum *Neuen Kloster* von San Juan de la Peña folgen. Ende des 17. Jhs. waren die Mönche in diese Gebäude umgezogen.

Vom *Mirador de los Pirineos (1295 m; ausgeschildert) bietet sich ein grandioses Bergpanorama. Der Blick schweift von den Gipfeln Navarras bis zu den Dreitausendern östlich von Jaca.

Jaca

An den Wochenenden und in den Ferienmonaten kommt Leben in die eher verschlafene Kleinstadt (14 400 Einw.) am Eingang zum touristisch interessanten **Canfranc-Tal,** einem beliebten Wintersport- und Wandergebiet. Neuerdings erweitern mehrere Agenturen das Freizeitprogramm um abenteuerliche Kajak- und Raftingtouren sowie Canyoning.

Im Mittelalter fungierte Jaca als eine der wichtigsten Stationen der Jakobswallfahrer. Nachdem die Pilger den Somport-Pass überwunden hatten, konnten sie in der Bischofsstadt neue Kräfte sammeln. Mit der Vergabe von Sonderrechten versuchte man sie zum Bleiben zu bewegen. Viele Handwerker nahmen die Chance wahr. Seit dem 11. Jh. war Jaca Hauptstadt des Königreichs Aragón und besaß fortan nicht nur religiöse, sondern auch politische und militärische Bedeutung. Philipp II. ließ 1571 eine fünfeckige Festung zur Verteidigung gegen die Franzosen errichten, die zum Teil bis heute als Kaserne genutzt wird.

Mittelpunkt der Altstadt und Hauptsehenswürdigkeit ist die *Kathedrale. Sie wirkte als eine der ersten romanischen Bischofskirchen in Spanien sowohl architektonisch als auch mit ihrer Bauplastik stilbildend. So wurde das Bogenfeld des Westportals mehrfach nachgeahmt. Tiere und das Christusmonogramm, das Zeichen Christi im Zentrum, führen den Gegensatz von Gut und Böse sowie die unbedingte Notwendigkeit der Buße vor Augen. Der Kirchenraum ist enorm hoch und recht dunkel, sodass man Schwierigkeiten hat, die qualitätvollen figürlichen Kapitelle hoch oben zu erkennen.

Im *Diözesanmuseum hat man die Gelegenheit die Wandmalereien mehrerer Kirchen der Region zu bewundern. Die Bilder wurden aus konservatorischen Gründen von den Wänden gelöst und hierher gebracht (🕐 im Sommer tgl. 10–14, 16–21 Uhr; im Winter Di–So 11 bis 13.30, 16–19 Uhr).

 Av. Regimiento Galicia, E-22700 Jaca, ☎ 9 74 36 00 98.

 Gran Hotel, Pl. de la Constitución, 1, ☎ 9 74 36 09 00, 📠 9 74 36 40 61. Größtes und bestes Haus am Platz. Ⓢ
Hotel Conde Aznar und Restaurant La Cocina Aragonesa, Pl. de la Constitución, 3, ☎ 9 74 36 10 50, 📠 9 74 36 07 97. Gutes Mittelklassehotel, zentral. Im Restaurant gibt es aragonesische Spezialitäten, zu denen ein starker, aromatischer Rotwein getrunken wird. Ⓢ

Route 7

Eintauchen in die Natur

** Parque Nacional de Ordesa y Monte Perdido – ** Val d'Aran – ** Parc National d'Aigües Tortes i Sant Maurici (504 km)

Wanderer werden mit diesem phantastischen Blick in den Circo de Soaso belohnt

Auf dieser Route spielt die Natur die Hauptrolle. Die Berglandschaft der spanischen Nationalparks wird mit ihrer artenreichen Tier- und Pflanzenwelt selbst die größten Wandermuffel begeistern. Starke Kontraste prägen den Ordesa-Nationalpark, in dem nach Almwiesen mit Schwertlilien, Orchideen und Farnen karge Felsplateaus und hochalpine Gebirgszüge folgen. Wald und Wasser sind die Attraktionen im Nationalpark Aigües Tortes in den katalanischen Pyrenäen. Skifahrer schätzen die Pisten im Val d'Aran. Im Sommer verwandelt sich das Tal dann in ein bezauberndes Blütenmeer und zieht Wanderer sowie Mountainbiker an. In diesem Teil der Pyrenäen kann man einen sportlichen oder faulen, auf jeden Fall aber naturnahen Urlaub verleben.

** Parque Nacional de Ordesa y Monte Perdido

Als eines der ersten im Land wurde das heute 15 709 ha umfassende Areal im wohl schönsten Teil der Zentralpyrenäen teilweise schon 1918 zum Naturschutzgebiet erklärt (1982 erweitert). Ziel war und ist die Erhaltung der Bergwelt des *Monte-Perdido-*

Torla ist das Tor zum eindrucksvollen Ordesa-Nationalpark

7

Seite 65

Massivs (3355 m) als Lebensraum der heimischen Fauna und die Pyrenäen-Steinböcke vor dem Aussterben zu bewahren. Obwohl der Bestand der scheuen Tiere wieder zugenommen hat, bedarf er weiterhin des Schutzes.

Die dramatische Landschaft ist dem weichen Kalkgestein des Monte Perdido zu verdanken. Während der Eiszeiten schnitten die Gletscher tiefe Täler in das Gebirgsmassiv. Die gewaltige * **Añisclo-Schlucht** des Río Vellos ist besonders beeindruckend.

Der Nationalpark bietet **Wandermöglichkeiten** aller Schwierigkeitsgrade. Auf markierten Wegen geht es durch Tannen-, Buchen- und Kiefernwälder, an leuchtenden Blumenwiesen vorbei bis hin zu kargen Felsen.

Eine beliebte Wanderung führt vom Eingang des Nationalparks zum Wasserfall * **Cola de Caballo** (ca. 6,5 Std.).

 Der Park ist von Mai bis September zugänglich. Karten sind an Kiosken, in Buchhandlungen und den Informationsstellen der Dörfer erhältlich.

Straßen führen von zwei Seiten in das Areal: von Westen aus über * **Torla** und von Osten aus über **Escalona,** das *Valle de Pineta* und **Bielsa.** Torla und Bielsa haben sich mit Hotels, Läden und Campingplätzen als Basislager bewährt.

Im Juli/August ist es Privatfahrzeugen nicht gestattet, von Torla zum 9 km nordöstlich gelegenen Eingang des Nationalparks zu fahren. In dieser Zeit

Felsenschiff

Bereits vom Eingang des Parque Nacional aus sieht man das mächtige Wahrzeichen des Parkes, den * **Tozal de Mallo.** Die 400 m hohe senkrecht abfallende Wand des insgesamt 2280 m hohen Berges wird treffend mit einem Schiffsbug verglichen.

verkehrt regelmäßig ein Pendelbus von einem großen Parkplatz am Ortsrand.

 Oficina del Parque Nacional, E-22071 Huesca, Pl. de Cervantes, und 5,5 km nordöstlich von Torla, ☎ 9 74 48 62 12 und 9 74 24 33 61.

* Torla

Der kleine Ort (360 Einw.) ist das Tor zum Ordesa-Nationalpark und lebt ebenso wie *Broto* ausschließlich vom Tourismus. Ohne diese Einnahmequelle wäre das Dorf wie viele andere wohl längst der Landflucht zum Opfer gefallen. So aber hat sich Torla mit zahlreichen Hotels, Restaurants und Geschäften auf die Urlauber eingestellt.

 Ayuntamiento, E-22376 Torla, ☎✉ 9 74 48 61 52.

 Complejo Turístico Ordesa, Ctra. Ordesa, ☎ 9 74 48 61 25, ✉ 9 74 48 63 81. Hotel-Camping-Komplex; Restaurant, Bar, Pool. ⑤

Tipp Im **Valle de Bujaruelo,** nördlich von Torla, liegt der gleichnamige Campingplatz (☎ 9 74 48 61 61 und 9 74 48 63 48), der ein gutes Restaurant besitzt. Der Platz eignet sich als Startpunkt für Wanderungen abseits der Touristenströme. Während die Besteigung des Pico Royo erfahrenen Bergwanderern vorbehalten bleibt, ist der Fernwanderweg GR 11 (s. S. 24) am Río Ara entlang auch Gelegenheitswanderern zu empfehlen. Für den Hinweg kann man sich in der Bar des Campingplatzes mit einem *Bocadillo con Lomo* (belegtes Brötchen mit Schweinerücken) stärken. Nach der Wanderung erfrischt ein Bad im Fluss.

Bielsa

Das kleine Bielsa (450 Einw.) war bis zum Bau des Tunnels nach Frankreich 1976 praktisch von der Außenwelt abgeschnitten. Seit es diese Verbindung gibt, kommen die Nachbarn zahlreich auch nur für einen Tagestrip oder um ein paar Flaschen des in Spanien billigeren Alkohols zu erstehen.

 Pl. Mayor, E-22350 Bielsa, ☎ 9 74 50 11 27.

 Parador de Bielsa, Valle de Pineta s/n, ☎ 9 74 50 10 11, 🖷 9 74 50 11 88. Luxus-Berghütte in fantastischer Umgebung am Ende des Pineta-Tals. $⑤〗

Figurenportal der Klosterkirche von Leyre

* Ainsa

Die Strecke nach Ainsa führt an zahlreichen verlassenen Dörfern vorbei. Man bekommt einen erschreckenden Eindruck von der Landflucht, von der das Gebiet ganz besonders betroffen ist.

Ainsa besitzt neben dem modernen Stadtteil einen sehr hübschen alten Kern rund um die arkadengesäumte **Plaza Mayor,** wo sich die Jugend in den Restaurants und Cafés trifft. Über altes Kopfsteinpflaster geht es zur Kirche aus dem 12. Jh., von deren Turm sich ein weiter Blick auf die Umgebung bietet.

 Schräg gegenüber lockt ein Delikatessenladen mit hübsch verpackten Erzeugnissen der Gegend, etwa *chorizo* (Hartwurst), Ziegenkäse oder Mandeltorte.

Cañonartige Schlucht in Navarra

7

Seite **65**

Wenn der Bär die Toten ins Dorf holt ...

Uralte Bräuche leben alljährlich im Februar auf, wenn in Bielsa Karneval gefeiert wird. Die sog. *trangas,* teuflische Gestalten mit einem Hammelfell und Hörnern, geschwärzten Gesichtern und einem langen Stab, führen Bären an einer eisernen Kette herum und schlagen auf sie ein. Männer, die sich einen mit Heu ausgestopften Sack auf den Rücken geschnallt haben und vornübergebeugt auf zwei Stöcke gestützt gehen, spielen die Tiere, die, so sagt man, die Toten ins Dorf zurückbringen. Zusammen mit weiß gekleideten Frauen, den *madamas,* haben die *trangas* die Aufgabe, durch Glockengeläut, Tanz und Gesang die Verstorbenen wieder zu vertreiben. Damit alles nicht zu gruselig wird, fließt an den drei Karnevalstagen reichlich *poncho,* ein Weingetränk mit Anis und Früchten. Die Kostüme der eigentümlichen Gestalten sind während des restlichen Jahres im Museum im Rathaus von Bielsa zu sehen.

Av. Central,
E-22330 Ainsa,
☏ 9 74 50 07 76.

Casa Rural El Hospital, Calle Sta. Cruz, 3, ☏ 9 74 50 07 50. Übernachtung in typischem Dorfhaus mit Familienanschluss. ⓢ

Bodegón de Mallacán, Pl. Mayor, ☏ 9 74 50 09 77. Das Haus mit mittelalterlichem Ambiente offeriert als Spezialitäten Lamm und Wildschwein. ⓢⓢ

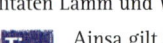 Ainsa gilt als Hochburg des Kanufahrens, Canyonings und Riverraftings. Infos: **Aguas Blancas,** Av. Sobrarbe, 4, ☏ 9 74 51 00 08, oder: **Tete y Compañía,** Av. Central, 1, ☏ 9 74 51 00 24. Der Preis für eine Cañon-Tour ist mit rund 5000 Pts. pro Person zu veranschlagen.

Ins Benasque-Tal

Bei **Castejón de Sos,** der Hochburg der Paraglider, führt die Straße ins Benasque-Tal und in das gleichnamige Schutzgebiet. Auf der Ostseite ragen die Spitzen des *Maladeta-Massivs auf, zu dem die höchsten Pyrenäengipfel zählen, darunter *Pico de la Maladeta, Pico de Posets* und *Pico de Aneto* mit 3404 m.

Benasque, der Hauptort im Tal, ist der geeignete Ausgangspunkt für Tagestouren. Für gut trainierte Bergsteiger gehört die Tour zum Gipfel des Pico de Aneto zum Pflichtprogramm. Andere werden sich mit dem Blick von unten begnügen und es bei Wanderungen durch das Naturschutzgebiet von Benasque belassen.

C. San Pedro, E-22440 Benasque, ☏ 9 74 55 12 89. Bergführer werden vermittelt.

Hospital de Benasque, Llanos del Hospital s/n, ☏ 🖷 55 20 12. Ehemaliges, zur Komforthütte umgebautes Pilgerhospiz inmitten einer paradiesischen Hochgebirgslandschaft. ⓢⓢ

Ins **Val d'Aran

Die Nationalstraße schlängelt sich nun in engen Kurven über den **Coll de Fadas** (1470 m) und den **Coll de Espina** (1407 m) bis sie den *Río Noguera Ribagorçana* erreicht. Auf dem Fluss, der als einer der strömungsreichsten der Pyrenäen gilt, wurden einst Baumstämme geflößt, heute nutzen ihn Kanu- und Raftingsportler für ihr Hobby. Durch den Túnel de Vielha gelangt man ins Val d'Aran.

Bis zu 3000 m hohe Gebirgsketten riegeln das Aran-Tal und seine Seitentäler ab. Obwohl die Region seit dem 13. Jh. zu Spanien gehört, waren die Bindungen an Frankreich aufgrund der geografischen Gegebenheiten meist stärker. Lange war das Tal praktisch von der Außenwelt abgeschnitten: Seit 1925 führte eine Straße über den Bonaigua-Pass ins Tal, eine schnelle Verbindung nach Süden wurde jedoch erst 1948 mit dem Tunnel von Vielha geschaffen. So konnten sich jahrhundertealte Bräuche und sogar eine eigene Sprache, das *Aranés,* erhalten. Einen Beweis für die engen Beziehungen zu Frankreich liefert auch die Küche des Tals, die u. a. köstliche Crêpes bietet.

Mittlerweile ist das Tal eines der beliebtesten Skigebiete Spaniens. Im Sommer kommen, angezogen von der großartigen Schönheit der Bergwelt und den vielfältigen Freizeitmöglichkeiten, Bergwanderer, Kletterer und Angler.

Vielha

Im administrativen und kommerziellen Zentrum des Tals prägen schiefergedeckte Häuser aus grob behauenem Feldstein das Stadtbild. Urlaubern steht ein riesiges Sportzentrum mit Eissport- und Schwimmhallen, Sauna und Fitnessstudio zur Verfügung. In der kleinen **Kirche** von Vielha ist die berühmte Büste des *Christus von Mijaran* zu bewundern. Der fein gestaltete Kopf aus dem 12. Jh. ist der einzige erhaltene Teil einer Kreuzabnahme.

Seite 65

7

C. Sarriulera, 6,
E-25530 Vielha,
☎ 9 73 64 01 10.

 Parador, Ctra. de Túnel s/n,
☎ 9 73 64 01 00,
🖷 9 73 64 11 00. Unvergleichlicher Blick vom Panoramafenster des runden Hauptsaals. Pool vor der Bergkulisse, üppiges Frühstücksbuffet, regionale Spezialitäten. Ⓢ
Hostal El Ciervo, C. Palma, 6,
☎ 9 73 64 01 65. Sympathischer Familienbetrieb mit einfachen Zimmern. Ⓢ

 **Casa Manolo,**
☎ 9 73 64 17 52. Große Tapas-Auswahl und gute Hausmannskost, die Schönen und Reichen sitzen mit Vorliebe auf der Sonnenterrasse. Ⓢ

Winterziele

Nur wenige Kilometer östlich des Val d'Aran liegen die Nobelskiorte **Artiés, Salardú** und **Baquèira–Beret,** die in den Wintermonaten beliebte Ziele einer betuchten Skigemeinde sind. Hier geben sich die Jeunesse dorée, der Geld- und Geburtsadel aus Barcelona und Madrid und sogar Mitglieder der spanischen Königsfamilie ein Stelldichein.

 Parador, Ctra. Baquèira-Beret, E-25599 Arties,
☎ 9 73 64 08 01,
🖷 9 73 64 10 01. Hotel der Luxusklasse in einmaliger Lage mit Festungsturm aus dem 16. Jh. und Kapelle. Ⓢ

 Casa Irene, Artiés, Carrer Major, 4, ☎ 9 73 6 43 64. Bestes Restaurant im Aran-Tal, das sogar König Juan Carlos beehrt. Trotzdem akzeptable Preise. Spezialitäten: Hausgemachte Gänseleberpastete, geräucherte Forelle. Ⓢ

Die Straße benötigt viele Kurven bis sie den 2072 m hohen **Port de la Bonaigua** erreicht. Im Sommer weiden hier zahlreiche Kühe mehr oder weniger unbewacht, weshalb schon mal ein Tier die Fahrbahn versperren kann.

Im Zentrum des Val d'Arán liegt der Wintersportort Vielha

Über 50 Seen gibt es im Nationalpark Aigües Tortes

 Seite 65

Romanisches Fresko in Sant Climent, Taüll

** Parc National d'Aigües Tortes i Sant Maurici

Dieser Park umfasst zwei Täler, die ein 2800 m hoher Bergriegel trennt. Der Zugang zu dem Schutzgebiet ist deshalb von Osten her über *Espot* (der bequeme Weg) und von Westen aus über *Barruera* und *Boí* möglich. Vom Dorfplatz in **Espot** fahren Jeep-Taxis zum * *Estany de Sant Maurici* (s. r.) oder zur Berghütte **Amitges**. See und Hütte sind Ausgangspunkte für herrliche Wanderungen. Mit Privatfahrzeugen darf man nur bis zum Parkplatz am Eingang des Parks fahren (3 km ab Espot), wo man zusammen mit einer Karte auch Verhaltensmaßregeln und eine Mülltüte erhält. Zu Fuß erreicht man von dort in 1 Std. den Estany de Sant Maurici und in weiteren 2 Std. die Amitges-Hütte.

Auf dem Weg nach Espot kommt man durch **Esterri d'Aneu**, ein fast 1000 Jahre altes Pyrenäendorf, wo im Juli ein mehrtägiges Rock- und Popfestival veranstaltet wird (Termin im Verkehrsamt, ☎ 9 73 62 60 05). Durch den Andrang der bunten Besucherschar kann es in den günstigeren Pensionen und auf den Campingplätzen eng werden. Nach dem Spektakel kehrt aber wieder die gewohnte Ruhe in der Bergwelt ein.

Bei **Llavorsi**, einem Zentrum für Wildwasser- und Kanusport, bietet sich ein landschaftlich reizvoller Abstecher in das Tal des *Riu Cardos* an.

Der Wasserreichtum wird ökonomisch genutzt, doch widersprechen Kraftwerke und Staudämme der Idee eines Nationalparks, weshalb diesem die internationale Anerkennung versagt bleibt.

 Parkverwaltung, E-25008 Lleida, Carrer Camp de Mart, 35, ☎ 9 73 24 66 50. Im Sommer: E-25597 Espot, C. Prado del Guarda, 2, ☎ 9 73 62 40 36; E-25528 Boí, C. L'Estudi, ☎ 9 73 69 61 89.

 Hotel Saurat, Espot, Pl. Sant Marti, ☎ 9 73 62 41 62, 🖷 9 73 62 40 37. Familien-

---

Bäche – Flüsse – Seen

Wasser ist das bestimmende Element des *Nationalparks Aigües Tortes*, dessen Name „windungsreiche Gewässer" bedeutet. Über 50 teilweise miteinander verbundene Seen setzen blaugrün glitzernde Akzente in der Berglandschaft. Flüsse durchziehen als leise plätschernde Rinnsale oder reißend herabstürzende Bäche das insgesamt 10 230 ha umfassende Schutzgebiet. Bis zum Frühsommer ist, trotz der hübschen Holz- und Steinbrücken, die über breitere Bäche geschlagen wurden, festes Schuhwerk zu empfehlen. Wunderschön liegt der größte See, der **Estany de Sant Maurici,** von Bergen überragt, mitten im Wald.

---

betrieb seit fünf Generationen. Großer Garten, typisch katalanische Hochgebirgsküche. Der Aufpreis für Balkonzimmer lohnt sich. Ⓢ

* Taüll

Wer von **Boí** kommt, von wo ebenfalls Jeep-Taxis in den Nationalpark starten, sollte unbedingt Taüll mit seinen beiden romanischen Kirchen besuchen. Seine Häusern aus Bruchstein mit blumengeschmückten Holzbalkonen und Schieferdächern sehen aus wie aus dem Bilderbuch.

Die elegante Silhouette von **Sant Climent** hebt sich malerisch von der Bergkulisse ab. Der schlanke, sechsstöckige Glockenturm der Kirche ist ein Beispiel für den lombardischen Stil. Berühmtheit erlangten die Wandmalereien, die um 1123 geschaffen wurden. Sie sind in Reproduktionen zu sehen, die Originale befinden sich in Barcelona.

 Boí i Taüll Resort, Pl. de l'Ermita-St-Quirze, ☎ 973 69 60 00. Großes Haus mit Sauna, Whirlpool, Fitnessraum, rustikale Einrichtung. Ⓢ

Praktische Hinweise von A–Z

Frankreich

Diplomatische Vertretungen

Botschaft der Bundesrepublik Deutschland: 13, av. Franklin-D.-Roosevelt, F-75008 Paris, ☎ 01 53 83 45 00, 📠 01 43 59 74 18.

Botschaft der Republik Österreich: 6, rue Fabert, F-75007 Paris, ☎ 01 40 63 30 63, 📠 01 47 20 25 80.

Botschaft der Schweiz: 142, rue de Grenelle, F-75007 Paris, ☎ 01 49 55 67 00, 📠 01 45 51 34 77.

Deutsche Honorarkonsulate: 35, bd Rabelais, F-34000 Montpellier, ☎ 04 67 64 28 87; 4, rue Frédéric-Escanyé, F-66001 Perpignan, ☎ 04 68 35 60 84.

Österreichisches Konsulat: 27, cours Pierre-Puget, F-13006 Marseille, ☎ 04 91 53 02 08.

Schweizer Generalkonsulat: 7, rue d'Arcole, F-13291 Marseille Cedex 6, ☎ 04 96 10 14 10, 📠 04 91 57 01 03.

Einreise

EU-Bürger müssen einen gültigen Personalausweis dabei haben, obwohl sie seit der Öffnung der europäischen Grenzen im Regelfall bei Ein- und Ausreise keinen Kontrollen mehr unterliegen. Dieser ist jedoch im Land stets bei sich zu führen und auf Verlangen der Polizei u.a. vorzulegen. Schweizer müssen an der Grenze weiterhin einen Reisepass vorzeigen. Kinder unter 16 Jahre ohne eigenen Ausweis müssen im Reisedokument ihrer Eltern eingetragen sein.

Elektrizität

Fast überall beträgt die Netzspannung 220 V. Adapter sind für die wenigen Ausnahmefälle praktisch.

Feiertage

Neujahr, Ostermontag, 1. Mai (Tag der Arbeit), 8. Mai (Waffenstillstand 1945), Christi Himmelfahrt, Pfingstmontag, 14. Juli (Nationalfeiertag), 15. August (Mariä Himmelfahrt), 1. November (Allerheiligen), 11. November (Waffenstillstand 1918), 25. Dezember.

Geld und Währung

Landeswährung ist der französische Franc (FF), der in 100 Centimes unterteilt wird. Besitzer eines Postsparbuches müssen den Personalausweis und die blaue Ausweiskarte vorlegen. Kreditkarten sind das unkomplizierteste Zahlungsmittel (v. a. Visa und Eurocard). Bei Eurocheques (Maximalsumme: 1400 FF) muss man in vielen Hotels etc. ca. 50 FF Gebühr zahlen. An zahlreichen Automaten kann man mit der ec-Karte Geld zu jeder Tages- und Nachtzeit ziehen (Gebühr). Stabiler Wechselkurs seit Einführung des Euro: 100 FF = 15,25 EUR = 29,82 DM = 209,77 öS. Weiterhin Schwankungen unterworfen ist der Kurs zur Währung der Schweiz: 100 FF = 24,37 sfr (Stand: August 1999).

Information

 Die städtischen Verkehrsämter heißen *Office du Tourisme* oder *Syndicat d'Initiative*. Im Ausland informiert die *Maison de la France*.
Broschürenversand rund um die Uhr in Deutschland: ☎ 01 90/57 00 25, 📠 59 90 61. Zu den üblichen Bürostunden auch Kundenberatung.
In Österreich: Argentinierstr. 41a, A-1040 Wien, ☎ 01/15 03 28 90, 📠 15 03 28 71.
In der Schweiz: Löwenstr. 59, CH-8022 Zürich, ☎ 01/2 11 30 85, 📠 2 12 16 44.

Krankenversicherung

Die Behandlungskosten müssen manchmal gleich bezahlt werden. Zu Hause erstattet die Krankenkasse bei Vorlage der Arztrechnung die Kosten (Vordrucke der Kassen). Eine zusätzliche Reiseversicherung empfiehlt sich.

Notruf

Landesweit für Polizei: ☎ 17, Feuerwehr: ☎ 18, Pannenhilfe (AIT-Assistance): ☎ 08 00 08 92 22, Notdienst: ☎ 15. Die Telefonnummern für Krankenwagen und Notarzt (S. A. M. U.) sind dem örtl. Telefonbuch oder Listen in jeder Telefonzelle zu entnehmen.

Öffnungszeiten

Behörden sind Mo–Fr 9–12 und 14 bis 17 Uhr geöffnet, Banken nur bis 16 Uhr. Größere Postämter sind Mo–Fr 9 bis 19 Uhr, kleinere 8–12 und 14–18.30, Sa 8–12 Uhr geöffnet.

Staatliche Museen sind in der Regel dienstags geschlossen. Viele Kirchen werden über Mittag geschlossen und erst um 16 Uhr wieder geöffnet.

 Kernöffnungszeiten sind Mo bis Sa 9–12 und 14–19 Uhr. Große Supermärkte sind auch mittags und an einigen Abenden sogar bis 21 oder 22 Uhr geöffnet. Bäckereien und manche Lebensmittelgeschäfte öffnen auch sonntagvormittags. Montags ist vielerorts Ruhetag, Supermärkte sind bis 12 Uhr geschlossen.

Post/Postgebühren

Briefmarken *(timbres)* und Telefonkarten *(télécartes)* erhält man im Zigarettenladen *(Bureau de tabac)*, in Bars mit Zigarettenverkauf *(Bar-Tabac)* und auf der Post. Postkarte und Brief (bis 20 g) nach Deutschland, Österreich und in die Schweiz kosten 3 FF.

Telefon

Die meisten Telefonzellen funktionieren nur noch per Télécarte (50 oder 120 Einheiten). Innerhalb Frankreichs muss immer die zehnstellige Nummer gewählt werden. Es gibt keine Ortsvorwahl. Bei Gesprächen aus dem Ausland entfällt die Null, gewählt werden nach der Landesvorwahl 00 33 lediglich die folgenden neun Ziffern. Billigtarif für Ferngespräche: Mo–Fr 21.30–8 Uhr, Sa ab 14 Uhr, So ganztägig.

Auslandsvorwahlen:
Deutschland: 00 49; Österreich: 00 43; Schweiz: 00 41.

Trinkgeld

5–10 % des Rechnungsbetrags werden von Kellnern trotz des Zusatzes „Service inclus" sowie im übrigen Servicebereich als Trinkgeld erwartet.

Zoll

Seit der Einführung des EU-Binnenmarktes entfallen Zollkontrollen. Die mitgebrachten Mengen dürfen den privaten Konsum jedoch nicht übersteigen (800 Zigaretten, 10 l Spirituosen).

Schweizer dürfen 200 Zigaretten oder 100 Zigarillos oder 50 Zigarren oder 250 g Tabak, 1 l Spirituosen oder 2 l Likör und 2 l Wein, 50 g Parfum oder 0,25 l Eau de toilette ausführen.

Spanien

Ärztliche Versorgung

In allen größeren Orten stehen neben Arztpraxen auch staatliche Gesundheitszentren *(centros de salud)* zur Verfügung. Mitglieder gesetzlicher Krankenkassen in Deutschland werden gegen Vorlage des Auslandskrankenscheins E 111 kostenfrei behandelt.

Tipp Der Abschluss einer privaten Auslandskrankenversicherung ist zu empfehlen.

Diplomatische Vertretungen

Botschaft der Bundesrepublik Deutschland: Calle Fortuny, 8, E-28010 Madrid, ☎ 91/5 57 90 00, 🖷 3 10 21 04.

Botschaft der Republik Österreich:
Paseo de la Castellana, 91,
E-28046 Madrid, ☎ 91/5 56 53 15,
🖷 5 97 35 79.

Botschaft der Schweiz: Núñez de
Balboa, 35, E-28010 Madrid,
☎ 91/36 39 60, 🖷 36 39 80.

Deutsches Generalkonsulat: Passeig de
Gràcia, 111, E-08008 Barcelona,
☎ 93/2 92 10 00, 🖷 2 92 10 02.

Österreichisches Generalkonsulat:
Calle Mallorca, 214, E-08008 Barcelona, ☎ 93/4 53 72 94, 🖷 4 53 49 80.

Schweizer Generalkonsulat: Gran Via
Carlos III, 94, Edificio Trade,
E-08028 Barcelona, ☎ 93/3 30 92 11,
🖷 4 90 65 98.

Einreise siehe Frankreich, S. 91.

Feiertage

Jede Region legt per Gesetz alljährlich
14 Feiertage neu fest. Dies können z.B.
sein: Neujahr, 6. Januar (Hl. Drei Könige), 19. März (Sankt Josef), Grün-
donnerstag, Karfreitag, Ostermontag,
1. Mai, Christi Himmelfahrt, Fronleich-
nam, 24. Juni (Johannisfest), 29. Juni
(Peter und Paul), 25. Juli (Sankt Jakob),
15. August (Mariä Himmelfahrt),
11. September (katalanischer Nationalfeiertag; nur in Katalonien), 12. Oktober (Tag der Entdeckung Amerikas),
1. November (Allerheiligen), 6. Dezember (Verfassungstag), 8. Dezember (Mariä Empfängnis), 25. Dezember. Außerdem darf jede Gemeinde zwei örtliche
Feiertage festlegen. Fällt ein Feiertage
auf einen Sonntag, so wird am darauf-
folgenden Montag nicht gearbeitet.

Geld und Währung

Landeswährung ist die Peseta (Pta, Ptas
oder Pts). Im Umlauf sind Banknoten
zu 10 000, 5000, 2000 und 1000 Ptas
sowie Münzen zu 500, 200, 100, 25, 10,
5 und 1 Pta. Geldautomaten *(telebanco)*
zur Barabhebung per ec-Karte sind
überall zu finden. Kreditkarten werden
weithin akzeptiert. Postsparer können

gegen Vorlage des Postsparbuches mit
Ausweiskarte und Personalausweis ge-
bührenfrei bis zu 2000 DM abheben
(Postsparkasse *Caja Postal*). Eurocheques (bis 25 000 Ptas; Gebühr). Stabiler Wechselkurs seit Einführung des
Euro: 100 Pts. = 0,60 EUR = 1,18 DM =
8,27 öS. Weiterhin Schwankungen unterworfen ist der Kurs zur Währung der
Schweiz: 100 Pts. = 0,96 sfr (Stand: August 1999).

Information

 Die lokalen Verkehrsämter
heißen *Oficina de Turismo*
bzw. *de Informació*.

Spanische Fremdenverkehrsämter:

D-10707 Berlin, Kurfürstendamm 180,
☎ 0 30/8 82 65 43, 🖷 8 82 66 61;
D-40237 D-60323 Frankfurt/M.,
Myliusstr. 14, ☎ 0 69/72 50 33,
🖷 72 53 13; D-80051 München,
Postfach 15 19 40, ☎ 0 89/5 38 90 75,
🖷 5 32 86 80; D-40237 Düsseldorf,
Grafenberger Allee 100,
☎ 02 11/6 80 39 80, 🖷 6 80 39 85.

A-1010 Wien, Walfischgasse 8–14,
☎ 01/5 12 95 80, 🖷 5 12 95 81.

CH-8008 Zürich, Seefeldstr. 19,
☎ 01/2 52 79 30, 🖷 2 52 62 04.

Notruf

Der internationale Notruf 112 soll ein-
geführt werden und ist zum Teil in einigen Provinzen schon aktiviert. Bislang gilt: Polizei, Feuerwehr, Notarzt:
☎ 0 91; Unfallrettung: ☎ 0 92.

Öffnungszeiten

Geschäfte öffnen gewöhnlich Mo–Fr
9.30–13.30 und 15.30 bis 19/20, Sa
9–13 Uhr; Kaufhäuser durchgehend.
Banken: Mo–Fr 9–13.30, einige auch
Sa 9–12 Uhr. Post: Mo–Fr 9–14 und
16–18, Sa 9–14 Uhr; Museen in der Regel Mo ganztags, So/Fei nachmittags
und werktags von 13/14 bis 15/16 Uhr
geschlossen. Kirchen sind über Mittag,
Restaurants häufig So abends und Mo
geschlossen.

Post / Postgebühren

Briefmarken *(sellos)* erhält man außer bei der Post *(correos)* in Tabak- und Zeitschriftenläden *(estancos)*. Postkarte und Brief (bis 20 g) kosten innerhalb der EU und in die Schweiz 70 Ptas.

Telefon

Das Telefonamt *(Telefónica)* ist vom Postamt getrennt. Es gibt kaum noch Münzautomaten, Telefonkarten *(tarjeta telefónica)* sind u. a. in Tabakläden erhältlich. Innerhalb Spaniens muss immer die neunstellige Telefonnummer gewählt werden. Es gibt keine Orts- oder Provinzvorwahl mehr. Bei Gesprächen aus dem Ausland wählt man zuvor die Landesvorwahl 00 34. Von 22 bis 8 Uhr sind Auslandsgespräche billiger.

Auslandsvorwahlen:
Deutschland: 00 49; Österreich: 00 43; Schweiz: 00 41.

Trinkgeld

Auch bei Inklusivpreisen wird ein Trinkgeld *(propina)* von ca. 10 % des Rechnungsbetrags erwartet.

Zoll

siehe Frankreich S. 92.

Andorra

Einreise

siehe Frankreich S. 91.

Feiertage

1. Januar, 6. Januar, 14. März (Tag der Verfassung), Karfreitag, Ostermontag, 1. Mai, 24. Juni (Johannisfest), 15. August, 8. September (Nationalfeiertag), 1. November, 8. Dezember, 21. Dezember (hl. Thomas), 25. Dezember, 26. Dezember (hl. Stephan).

Geld und Währung

Spanische Pesetas und französische Francs sind die Zahlungsmittel.

Information

 Andorra Touristik Delegation, Finsterwalderstr. 28, D-13435 Berlin, ☎ 0 30/4 15 49 14 (auch Versand von Broschüren). In Andorra selbst s. S. 51.

Notruf

Polizei: ☎ 1 10; Feuerwehr und Krankenwagen: ☎ 1 18; Medizinischer Notdienst: ☎ 1 16; Bergrettung: ☎ 1 12.

Öffnungszeiten

Kaufhäuser sind geöffnet: im Sommer Mo–Sa 9–21, So 9–19 Uhr, sonst bis 20 Uhr. Kleinere Geschäfte schließen über Mittag. Banken Mo–Fr 9–13, 15–17, Sa 9–12 Uhr. Kirchen sind nur im Sommer geöffnet.

Post / Postgebühren

Briefe innerhalb des Landes sind portofrei. Andorranische Briefmarken für den internationalen Postverkehr sind in allen Postämtern erhältlich.

Telefon

Von Andorra ins Ausland wählt man die 00, dann die Landes- und Stadtvorwahl sowie die Teilnehmernummer. Nach Andorra wählt man die internationale Vorwahl 0 03 76 und die sechsstellige Telefonnummer.

Zoll

Für den privaten Gebrauch zollfrei auszuführen: 1 kg Kaffee, 200 g Tee, 1,5 l Alkohol über oder 3 l unter 22 Vol.-%, 300 Zigaretten oder 150 Zigarren (unter 3 g pro Stück) oder 75 Zigarren oder 400 g Pfeifentabak, 75 g Parfum oder 375 ml Eau de toilette. Andere Produkte bis zu einem Gesamtwert von 81 000 Ptas bzw. 3600 FF. (Listen mit den genauen Angaben liegen in jedem Geschäft aus.) Der spanische und der französische Zoll kontrollieren bei der Wiedereinreise gründlich nach Schmuggelware.

Register

Orts- und Sachregister

REGISTER

Personenregister

Bildnachweis

Alle Fotos Tomasz Torbus außer allover Bildarchiv/Martin Siepmann: 6, 73, 83, 87/2; Archiv für Kunst und Geschichte, Berlin: 17/1–2, 21/1, 61/2; Bildarchiv Steffens/R. R. Steffens: 77/1–3; Ulrich Brinkhoff: 19/1–2; Ralf Freyer: 11/1, 27/1–2, 33/1–3, 41/2, 45/1, 47/2, 49/3, 63/2, 69/2; Volkmar Janicke: 49/2, 53/1–3, 55; Jo Scholten: 1, 9, 13/1, 15/3, 23/1–2, 25/1–3, 41/3, 49/1, 61/1, 81/1+3, 87/1; Umschlag Rückseite (Bild unten); Klaus Thiele: 7/2, 35/1–3, 37/1, 39/1–2, 81/2, Umschlag Rückseite (Bild oben); Gunnar Remane: Umschlag (Bild); Superbild/Bernd Ducke: Umschlag (Flagge).